Schnell Radfahren

Schnell Radfahren

Sitzposition, Material & Taktik
für Rennradler & Triathleten

Stefan Schurr

Herstellung und Verlag:

BoD - Books on Demand, Norderstedt

ISBN-13: 978-3-8370-7728-5

Inhaltsverzeichnis

Inhalt

Vorwort

Welche Voraussetzungen benötigt man eigentlich um möglichst schnell Rad zu fahren?

Der entscheidende Faktor ist natürlich die *physische Leistungsfähigkeit* des Fahrers. Ohne seine entsprechenden konditionellen Voraussetzungen sind alle weiteren Gesichtspunkte ohne größeren Belang.

Und trotzdem: um richtig schnell zu sein bedarf es etwas mehr: Denn bei gleicher physischer Leistungsfähigkeit wird immer der Athlet gewinnen, der die vielfältigen Möglichkeiten, die sich neben dem Training bieten, optimal ein- und letztendlich auch in eine hohe Geschwindigkeit umsetzen kann! In diesem Buch wollen wir uns diesen Möglichkeiten widmen. Es geht um optimale Sitzposition, Material und Taktik! Denn dann können auch die hart erarbeiteten konditionellen Fähigkeiten voll zum Tragen kommen.

Im Radsport ist da natürlich ein Kriterium von herausragender Bedeutung: die optimale *Sitzposition*. Sie ist Grundlage für eine effiziente Kraftentfaltung, einen geringen Luftwiderstand sowie entspanntes und lockeres Fahren. Im *ersten Teil* des Buches werden wir uns mit diesem Thema ausführlich auseinandersetzen und die Sitzposition für die doch teilweise recht unterschiedlichen Anforderungen von Rennradfahrern, Zeitfahrern und Triathleten etwas genauer betrachten.

Im *zweiten Teil* geht es um einen weiteren wichtigen Aspekt, dem *Material*. Auch hier können viele verschiedene Kriterien eine wichtige Rolle spielen. Vor allem die Aerodynamik und das Gewicht sind Gesichtspunkte, die sich bei unterschiedlichen Streckenprofilen ganz wesentlich auf die Performance auswirken können. Aber nicht nur die! Auch der Rollwiderstand der Reifen sowie Reibungswiderstände in den beweglichen Teilen des Fahrrades sollten einer genaueren Betrachtung unterzogen werden. Analysiert man die unterschiedlichen Einflussfaktoren genauer, so ergeben sich manchmal erstaunliche Ergebnisse, die sich nicht immer mit den allgemein vorherrschenden Meinungsbildern decken.

Vielleicht überdenkt der eine oder andere seine neu geplante Material-investition noch einmal und legt sein Geld anderswo doch besser an?

Der *dritten Teil* widmet sich den Möglichkeiten um Sitzposition und Materialauswahl mit Hilfe von einfachen und praktikablen Test zu opti-mieren. In erster Linie geht es dabei um die Verbesserung der Aero-dynamik. Profis gehen dafür gerne mal in den Windkanal oder messen auf der Radrennbahn mittels Leistungsmessgeräten die Auswirkungen von leichten Positionsveränderungen auf Effizienz und Aerodynamik. Dem Amateur und leistungsorientierten Breitensportler ist diese Mög-lichkeit meist verwehrt. Trotzdem kann man auch mit einfacheren Mitteln gute Testergebnisse erzielen und Rückschlüsse auf Optimierungspotenz-iale ziehen.

Im Rennen spielt noch ein weiterer Faktor eine große Rolle für das Endergebnis: *die Taktik*. Im *vierten Teil* geht es um die Frage wie man seine Kräfte ökonomisch und effizient nutzen kann. Dabei sind Strecken-länge und -profil wichtige Einflussgrößen für die Renngestaltung. Und was uns in diesem Zusammenhang auch noch interessiert, ist der soge-nannte runde Tritt, oder eigentlich besser gesagt der biomechanisch opti-male Tritt, der neben der Frequenz auch noch von weiteren Kriterien abhängig ist. Mehr dazu im vierten Teil.

Teil 1

Die Sitzposition

1 Die Sitzposition

Für den Fahrradfahrer bildet eine korrekte und angepasste Sitzposition die Grundlage für eine effiziente Kraftentfaltung, einen geringen Luftwiderstand sowie entspanntes und lockeres Fahren.

Aber was bedeutet *„korrekte"* Sitzposition? Wie sieht sie aus? Gibt es eine einfache Möglichkeit um seine optimale Position auf dem Fahrrad zu finden?

Die Antwort auf diese Fragen ist schwierig: Denn je nach Anforderungsprofil (Zeitfahren, Berganfahren, Kriterium, Marathon,...) können sich Sitzpositionen auf dem Fahrrad teilweise deutlich voneinander unterscheiden. Dass jeder einzelne Sportler individuelle anatomische Merkmale mit sich bringt, erschwert eine Anpassung zusätzlich! Es gibt keine standardisierte Sitzposition, es muss für jeden Athleten und je nach Anforderungsprofil das Optimum, beziehungsweise der beste Kompromiss, gefunden werden!

Die hier aufgeführten Ratschläge dienen daher als Orientierung und geben Richtlinien auf deren Grundlage man seine Positionsbestimmung vornehmen kann. Diese wird dann schrittweise den individuellen Anforderungen angepasst.

2 Sitzposition auf dem Rennrad

Wenn wir unsere Sitzposition auf dem Rennrad ermitteln wollen, dann sollten wir uns erst einmal überlegen worauf es dabei im Wesentlichen ankommt. Denn die optimale Sitzposition auf dem Rennrad muss mehreren Gesichtspunkten genügen.

Der Fahrer sollte möglichst...

> ...entspannt und ermüdungsfrei
>
> ...effizient
>
> ...schnell
>
> > ...mit seinem Fahrrad fahren können.

Die ersten beiden Punkte beziehen sich vor allem auf muskuläre und biomechanische Voraussetzungen, der letzte Punkt auch auf resultierende aerodynamische Konsequenzen.

Diese unterschiedlichen, teilweise sehr gegensätzlichen, Kriterien machen eine individuelle Anpassung so schwierig. Gerade die Anforderungen „optimale Aerodynamik" und „entspannte Haltung" schließen sich gegenseitig nahezu aus und verlangen nach einem annehmbaren Kompromiss. Die resultierende effektivste Sitzposition ist nicht immer unbedingt die bequemste. Zur Verbesserung seiner gewohnten Position muss man daher auch am Körper arbeiten und nicht nur das Radmaterial optimieren wollen. Eine stabile Rumpfmuskulatur und funktionelle Beweglichkeit in den Gelenken ermöglicht normalerweise eine wesentlich effizientere und aerodynamischere Sitzposition. Auch der Umstand, dass Fahrradfahrer teilweise mehrere Stunden in ihrer Haltung verharren müssen, kann die Prioritäten weg von der Aerodynamik in Richtung Komfort verschieben. Wie geht man also am besten vor?

Die grundlegende Bestimmung der Sitzposition läuft nach einem allgemeinen Schema ab[1]:

1. Körperdaten des Fahrers ermitteln.
2. Parameter der Sitzposition errechnen und einstellen.
3. Die Sitzposition den individuellen Gegebenheiten und Ansprüchen anpassen, verändern und optimieren.

2.1 Körperdaten ermitteln

Schauen wir uns zunächst die relevanten Körpermasse an. Die wichtigsten Parameter sind:

- *Körpergröße*
- *Schulterbreite*, das ist der Abstand zwischen den Schulterknochen.
- *Innenbeinlänge* (Schrittlänge), sie kann mit Hilfe einer Wasserwaage (siehe Abbildung) bestimmt werden. Dabei stellt man sich mit dem Rücken an eine Wand und schiebt die Wasserwaage im Schritt nach oben. Bei der Messung achtet man auf die Stärke das Andrucks im Schritt, er sollte in etwa dem Satteldruck entsprechen. Der Abstand vom Boden bis zur Oberkante der Wasserwaage entspricht der Schrittlänge.
- *Rumpflänge*, bei der Messung müssen Becken und Rücken auf voller Länge an die Wand gepresst sein, der Messwert wird von der Sitzfläche bis zur v-förmigen Knochenmulde des Brustbeines ermittelt.
- *Armlänge*, dabei den Arm locker hängen lassen, gemessen wird der Abstand vom Schulterknochen bis vor die geballte Faust.

---

1   http://www.2peak.com/2peak/sitzposition.xls, 10.09.2008

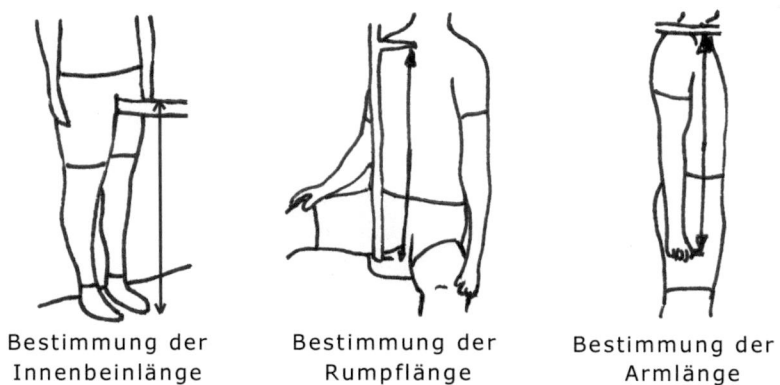

Bestimmung der
Innenbeinlänge

Bestimmung der
Rumpflänge

Bestimmung der
Armlänge

Abb.: Körperdaten bestimmen (vgl. Kühnen 8/2003, S. 52)

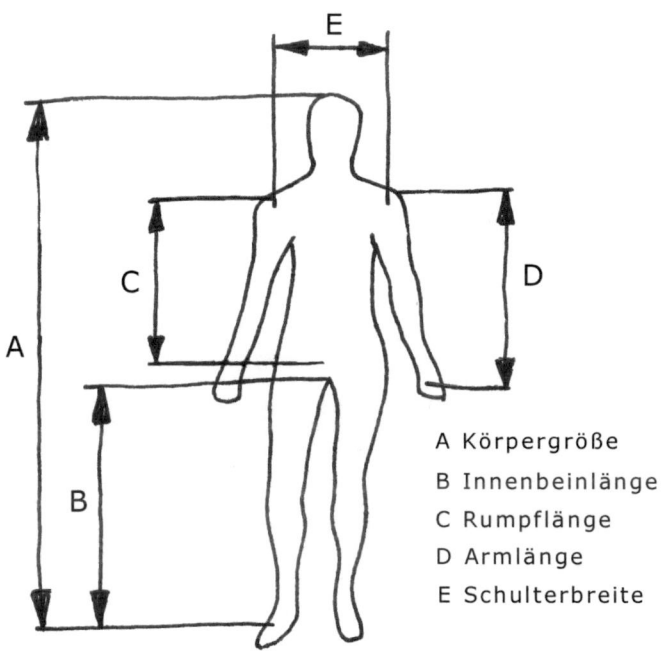

A Körpergröße
B Innenbeinlänge
C Rumpflänge
D Armlänge
E Schulterbreite

Abb.: Körperdaten (vgl. Gressmann, 1995, S. 221)

2.2 Parameter der Sitzposition

Aus den Daten, die sich aus der Vermessung des Fahrers ergeben, läßt sich eine erste grobe Bestimmung der Sitzposition vornehmen. Die Ermittlung mit Maßband, Lot und rechnerischer Methode kombiniert die auf dem Markt gebräuchlichsten Verfahren und ermöglicht eine gute Standortbestimmung. Diese bildet dann für weitere Optimierungen eine hervorragende Basis:

- **Sitzhöhe:** die Sitzhöhe ist der Abstand von der Tretlagermitte bis zur Oberkante des Sattels in der Mitte der Sitzfläche und wird nach der folgenden Formel berechnet[2]:

$$\text{Sitzhöhe} = 0,885 \text{ x Innenbeinlänge } ^+/_- \text{ 10mm}$$

Die Differenz von $^+/_-$ 10mm ergibt sich daraus, dass sich einerseits Pedale mitunter deutlich in ihrer Bauhöhe unterscheiden und andererseits auch unterschiedliche Kurbellängen eingesetzt werden. Dies muss natürlich auch in der Sitzhöhe berücksichtigt werden. Was außerdem hinzukommt sind die individuellen Vorlieben des Fahrers, der eine fühlt sich mit höherem, der andere mit etwas tiefer eingestelltem Sattel wohler. Mehr dazu im nächsten Kapitel bei der Optimierung der Sitzposition. Der maximale Winkel im Kniegelenk sollte bei der Trittbewegung etwa 152 bis 155 Grad betragen[3].

---

2 http://www.2peak.com/2peak/sitzposition.xls, 10.09.2008

3 http://tv.triathlon-szene.de/index.lasso?Rubrik=Filme, Wie man ein Rad schnell macht (2. Teil Sitzposition), 25.11.2008

- **Sattelposition:** der Sattel sollte sich in einer horizontalen Lage befinden. Dies kann man mit Hilfe einer Wasserwage feststellen. Die vertikale Position ergibt sich folgendermaßen: ein Lot sollte bei waagrechter Kurbelstellung von der Kniescheibe des auf dem Rad sitzenden Fahrers durch die Pedalachse fallen.

Abb.: Lot von der Kniescheibe durch die Pedalachse

- Wahl der **individuellen Rückenneigung** und des daraus resultierenden Faktors N. Sie ist ein entscheidendes Kriterium für den Komfort, der sich aus der Sitzposition ergibt.

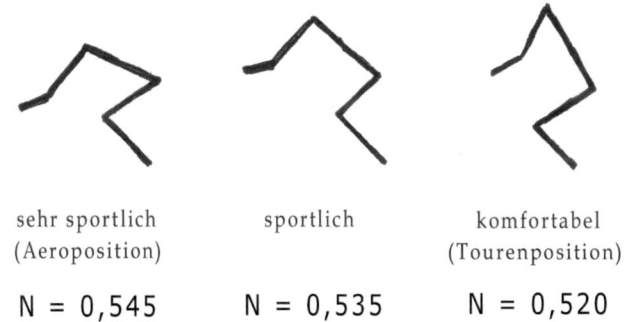

sehr sportlich	sportlich	komfortabel
(Aeroposition)		(Tourenposition)
N = 0,545	N = 0,535	N = 0,520

Abb.: individuelle Rückenneigung
(http://www.2peak.com/2peak/sitzposition.xls, 10.11.2008)

- **Sitzlänge:** die Sitzlänge ist der Abstand von der Oberlenkermitte bis zur Sattelspitze. Sie ist von der Rückenneigung abhängig und wird nach folgender Formel[4] festgelegt:

> **Sitzlänge = N x (Rumpflänge + Armlänge)**
> **- (0,59 x Sattellänge)**

- **Überhöhung** wählen: die Überhöhung ist der Höhenunterschied von der Lenkeroberkante bis zur Satteloberseite und korreliert mit dem Fahrkomfort. Je größer die Überhöhung gewählt wird, desto aerodynamischer und sportlicher fällt die Sitzposition aus, eine entspannte Haltung läßt sich durch eine geringere Überhöhung erreichen. Als grobe Orientierung richtet man sich in erster Linie nach der Körpergröße.

Körpergröße	Überhöhung
150 – 160 cm	2 – 5 cm
160 – 170 cm	3 – 7 cm
170 – 180 cm	5 – 8 cm
180 – 190 cm	6 – 10 cm
190 – 200 cm	7 – 12 cm

Tab.: Überhöhung (vgl. http://www.2peak.com/2peak/sitzposition.xls, 10.09.2008, leicht modifiziert)

- Aus Überhöhung, Sattelstellung und Sitzlänge ergibt sich jetzt die passende **Vorbaulänge**.

---

4 http://www.2peak.com/2peak/sitzposition.xls, 10.09.2008

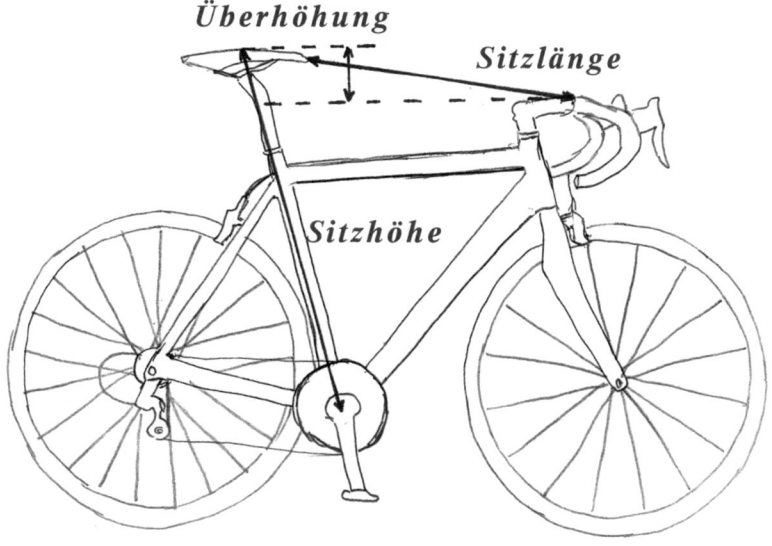

Abb.: Parameter der Sitzposition

- **Lenkerbreite:** die Breite des Lenkers richtet sich nach der Schulterbreite und sollte in etwa dieser entsprechen.

- **Kurbellänge:** die optimale Kurbellänge ist von mehreren Faktoren abhängig. Die wichtigste Einfußgröße stellt die Schrittlänge des Fahrers dar[5]:

Kurbellänge = Schrittlänge x 0,205

---

5 http://www.customcranks.de/de/kurbellaenge.html, 10.08.2008

- **Lenkerenden:** die Lenkerenden richtet man parallel zum Boden oder geringfügig tiefer aus. Zweiteres bringt eine ergonomischere Stellung des Handgelenks in der Unterlenkerhaltung.

- **Bremshebel:** als Richtwert nimmt man die Unterkante des Unterlenkers und die Enden der Bremsgriffe, sie bilden eine Linie. Die Bremshebel werden gerade nach vorne ausgerichtet.

2.3 Sitzposition optimieren

Nach den bisherigen Vorgaben und Parametern ist die Sitzposition erst einmal grob ermittelt. Für die meisten Belange ist man damit sehr gut benient. Trotzdem gibt es je nach disziplinspezifischen Anforderungen und persönlichen Vorlieben noch Möglichkeiten der weiteren Optimierung:

- **Sitzhöhe:** ein geringfügig niedrigerer Sattel ist für lange Belastungen mit hoher Trittfrequenz meist angenehmer, während ein höher eingestellter Sattel für langsames und kraftbetontes kurbeln, zum Beispiel am Berg, als vorteilhaft empfunden wird[6]. Auch persönliche Vorlieben des Fahrers spielen eine gewisse Rolle. Ein zu tiefes Sitzen ist allerdings meist mit Beschwerden an der Kniescheibe verbunden. Ist die Position zu hoch gewählt ergeben sich oft Schmerzen in der Kniekehle. Die Hüfte sollte bei der Trittbewegung auf keinen Fall seitlich hin- und herkippen.

- **Sattelstellung:** Bergfahrer bevorzugen meist einen etwas weiter nach hinten gestellten Sattel, während Zeitfahrer in der sogenannten „American Position" den Sattel nach vorne stellen[7]. Die

---

6   Schmidt 2007, S.375

7   Sienknecht 2008, S.35

speziellen Anforderungen und daraus resultierenden Konsequenz-
en der Zeitfahrposition werden im nächsten Kapitel konkretisiert.

- **Kurbellänge:** die Wahl der optimalen Kurbellänge ist ein schwier-
iges Thema, hängt sie doch von vielen Faktoren ab. Kriterien und
Tendenzen bei der Längenwahl der Kurbeln sind abhängig von[8]...

...*Fahrertyp*: kürzere Kurbeln werden aufgrund des geringeren
Kraftniveaus von weniger ambitionierten Fahrern, längere
Kurbeln entsprechend von sportlich ambitionierteren Fahrern
mit größerem Kilometerumfang eingesetzt.

...*Disziplin*: beim Berg- und Zeitfahren, die meist etwas kraft-
betonter gefahren werden, sind tendenziell längere Kurbeln von
Vorteil, bei Kriterien und auf der Ebene bei höherer Trittfrequenz werden meist kürzere Kurbeln gewählt.

...*Körpermaße/-proportionen*: bei langen Unterschenkel und
kleinen Füßen werden kürzere Kurbeln bevorzugt, bei langen
Oberschenkeln und großen Füßen eher die längeren.

...*Trainingsform*: mit ansteigender Trainingsform und damit ver-
bundenen höheren Kraftniveau kann die Kurbel verlängert
werden. Aber Achtung: durch die Verlängerung werden neue
Muskelbereiche aktiviert. Dies trifft besonders auf den Bein-
heber im oberen Bereich des Totpunktes zu. Die muskelaufbau-
ende Anpassung benötigt daher etwas Zeit, die Gefahr von
Überlastungen im Kniegelenk wächst! Daher sollte man nach
Kurbelverlängerungen zunächst eher frequenz- und nicht kraft-
betont trainieren. Der umgekehrte Weg der Kurbelverkürzung
birgt dagegen keine Gefahr der Überlastung.

---

8   http://www.customcranks.de/de/kurbellaenge.html, 20.08.2008

- **Aerodynamik:** das Thema der aerodynamischen Körperhaltung ist vor allem für windschattenfreie Triathlonrennen und Zeitfahren von großer Bedeutung. Durch den Einsatz steiler Sitzwinkel in Verbindung mit sogenannten Aerolenkern wird der Fahrer gewissermaßen um das Tretlager nach vorne gedreht. Der Lenker wird in seiner Position meist tiefer gewählt, der Sattel nach vorne geschoben. Man sieht dies auch daran, dass das Lot, das vom Knie des Fahrers gefällt wird, jetzt deutlich vor die Pedalachse fällt. Ein Vorteil der „American Position" ist die verkleinerte Stirnfläche, ein weiterer die verbesserte aerodynamische Form.

Je perfekter der Fahrer den runden Tritt beherrscht und je wirkungsvoller die Beugemuskulatur (für den Fuß ist dies der vordere Schienbeinmuskel M. tibialis anterior) eingesetzt wird, desto weiter vorne kann der Fahrer sitzen. Ein gleichzeitiges abstützen auf dem Lenker verbessert die Kraftausbeute zusätzlich. Sind hohe Pedalkräfte notwendig, beispielsweise am Berg, erscheint es sinnvoller weiter hinten zu sitzen.

3 Sitzposition Zeitfahren / Triathlon

Bei einer Geschwindigkeit von 40 km/h werden rund 75 Prozent des Luftwiderstandes vom Fahrer und dementsprechend seiner Sitzposition verursacht[9]. Für Zeitfahrer und Triathleten lohnt sich also eine Optimierung
der Sitzposition nach aerodynamischen Gesichtspunkten.

Profis gehen dafür gerne mal in den Windkanal oder messen auf der Radrennbahn mittels Leistungsmessgeräten die Auswirkungen von leichten
Positionsveränderungen auf Effizienz und Aerodynamik. Dem Amateur
und leistungsorientierten Breitensportler ist diese Möglichkeit meist
verwehrt. Trotzdem kann man mit einigen wenigen Maßnahmen seine
Position für das Zeitfahren merklich verbessern und bewirkt damit
enorme Zeiteinsparungen.

Während Roll- und Reibungswiderstände nur unwesentlich von der
Fahrgeschwindigkeit abhängig sind, ist bei einer Geschwindigkeitsver-
dopplung aufgrund des Luftwiderstandes bereits die achtfache Leistung
zur Aufrechterhaltung dieser Geschwindigkeit nötig!

Der Luftwiderstand entsteht durch den sogenannten Staudruck, das ist die
Luftsäule, die der Fahrradfahrer vor sich her schiebt sowie durch die
Reibung zwischen der Körper- und Fahrradoberfläche und der um-
strömenden Luft. Abhängig ist der Luftwiderstand vor allem von zwei
Faktoren:

1. der *Form* des umströmten Körpers

2. von der Größe dessen *Stirnfläche*

Die nachfolgenden Abbildungen zeigen Luftverwirbelungen bei unterschiedlichen Körperformen. Man kann gut erkennen, dass der Fahrer
durch eine aerodynamische Sitzposition wesentlich zur Verringerung des
Luftwiderstandes beitragen kann. Mit vor dem Körper geführten Armen,

---

9 Joller 2006, S. 48

wie es die Unterlenkerhaltung, oder noch besser der Einsatz eines Zeit-
fahrlenkers erlaubt, erreicht man eine deutliche aerodynamische Verbesserung. Einerseits verkleinert sich die Stirnfläche, andererseits gestaltet
sich die Körperform aerodynamisch günstiger, so dass weniger Luftverwirbelungen entstehen.

*Abb.: Aerodynamik bei unterschiedlichen Körperformen (vgl. Smolik u.a.
2002, S.9f)*

3.1   Rennrad versus Zeitfahrrad

Wenn wir uns mit einer aerodynamischen Sitzposition beschäftigen, dann
sollten wir uns zunächste einmal fragen was denn die Unterschiede zur
„normalen" Sitzposition auf dem Rennrad ausmachen. Schließlich gibt es
auf dem Markt etliche spezielle Zeitfahr- und Triathlonräder, die sich in
ihrer Konstruktion von herkömmlichen Rennrädern abgrenzen lassen.
Was unterscheidet sie von Rennrädern und lohnt sich der Kauf eines
solchen Rades wirklich? Oder läßt sich auch auf dem Rennrad relativ
einfach eine aerodynamische Zeitfahrposition einnehmen?

Dazu schauen wir uns zunächst einmal an, was denn den Unterschied der beiden Sitzpositionen ausmacht. Wir haben ja bereits festgestellt, dass der

Luftwiderstand einerseits von der Körperform und andererseits von dessen Stirnfläche abhängig ist. Die Stirnfläche verkleinern wir dadurch, dass wir den Fahrer weiter nach vorne und damit auch weiter nach unten bringen. Um das zu erreichen, wird er quasi um das Tretlager gekippt. Auf dem Bild sieht man das deutlich. Was darauf außerdem gut zu erkennen ist, ist der kleinere Hüftwinkel in der Zeitfahr-

Abb: Rennrad- und Zeitfahrposition

position. Die resultierende kompakte Haltung ist für eine aerodynamisch günstigere Form des Körpers verantwortlich. Damit haben wir in der Zeitfahrposition die beiden wesentlichen Kriterien für die Aerodynamik verbessert: die kleinere Stirnfläche und die aerodynamische Formgebung.

Für den Triathleten hat die Zeitfahrposition den zusätzlichen Vorteil, dass bei der Trittbewegung vermehrt die Oberschenkelrückseite (M. ischiocrurales) und der Hüftbeuger (M. Iliopsoas) beansprucht werden. Im Gegenzug wird dafür die Oberschenkelvorderseite (M. Quadriceps femoris) entlastet. Das begünstigt das Laufen nach dem Fahrradfahren.

Was ergeben sich daraus für die Konstruktion des Zeitfahrrahmens für Konsequenzen? Vor allem folgende:

1. Größerer *Sitzrohwinkel*, er entsteht dadurch, dass der Fahrer mit seiner Hüfte weiter nach vorne rutscht. Beim konventionellen Rennradrahmen sind es normalerweise 72-74°, beim Zeitfahrrahmen werden Winkel von 76-78° benutzt.

2. Kürzeres *Oberrohr*: neben dem Effekt, dass der Fahrer nach vorne rutscht, kommt hier noch ein weiterer zum tragen: die Griffposition befindet sich weit vor dem Lenker, die Mitte der Unterarme sitzen etwa auf Höhe des Lenkers, die Hände weit davor.

3. Kürzeres *Steuerrohr:* dadurch kann der Fahrer eine tiefere Sitzposition einnehmen.

	Rennradrahmen	Zeitfahrrahmen
Sitzrohrwinkel	72° - 74°	76° - 78°
Oberrohrlänge	lang	kurz
Steuerrohrlänge	lang	kurz

Tab.: Unterschied Rennrad- / Zeitfahrrahmen

Lohnt sich also der Kauf eines zusätzlichen Zeitfahrrahmens? Oder kann man aus meinem „normalen" Rennrad mit ein paar Umbaumaßnahmen ein brauchbares Zeitfahrrad „zusammenbasteln"? Was muss man tun:

1. Den *steileren Sitzwinkel* erreicht man dadurch, dass der Sattel so weit wie möglich nach vorne kommt, das kann man eventuell mit einer *gekröpften Sattelstütze* erreichen. Dadurch ändert sich zwar nicht der konstruktionsbedingte Sitzrohrwinkel des Rahmens, der effektive Sitzwinkel, der vom Tretlager zur Mitte des Sattels gemessen wird, jedoch schon.

2. Das längere *Oberrohr* des Rennrades kann man mit einem extrem *kurzen Vorbau* kompensieren.

3. Das lange *Steuerrohr* kann man durch weglassen von Spacern und durch einen *steil nach unten abgewinkelten Vorbau* kompensieren. Mittlerweile gibt es auch Vorbauten mit Gelenken, sie ermöglichen meist eine sehr tiefe Position des Lenkers.

Diese Maßnahmen wirken sich allerdings teilweise auch sehr negativ auf das Fahrverhalten des Rades aus. Der Fahrer befindet sich extrem weit über dem Vorderrad und das Rad wird durch diese kopflastige Position viel schwerer steuerbar.

3.2 Die aerodynamische Sitzposition

Ausgehend von der in Kapitel 2 ermittelten Sitzposition kann man diese im Hinblick auf aerodynamische Gesichtspunkte für das Zeitfahren weiter optimieren.

Die Bestimmung der Zeitfahrposition erfolgt in vier Schritten:

1. *Sitzwinkel* festlegen
2. *Sattelhöhe* bestimmen
3. *Sitzlänge* und *Lenkerhöhe* einstellen
4. *Feintuning* der Sitzposition

3.2.1 Sitzwinkel festlegen

Sinn und Zweck des steileren Sitzrohrwinkels von Zeitfahrrädern haben wir im vorherigen Kapitel erörtert. Was für die Sitzposition aber der entscheidende Winkel ist, ist nicht der konstruktionsbedingte Sitzrohrwinkel des Rahmens, sondern der effektive Sitzwinkel, der sich aus der Position des Fahrers ergibt.

Für die Bestimmung der Zeitfahrposition geht man so vor, dass man sich schrittweise an sein individuelles Optimum annähert. So wählt man zunächst einen relativ flachen Sitzwinkel von beispielsweise 75° und tatstet sich peu a peu an eine tiefere und aerodynamischere Stellung heran. Dabei merkt man recht schnell wo die eigene (Komfort-) Grenze liegt. Allerdings gilt immer zu bedenken, dass eine im Labor ermittelte

Position, die ein paar Minuten eingenommen wird, noch nicht viel mit einem Renneinsatz über mehrere Stunden zu tun hat. Eventuell muss man nach den ersten realen Fahreindrücken die Position auch wieder etwas korrigieren und den Sitzwinkel doch etwas flacher wählen. Im Laufe der Saison und mit zunehmend besserem Trainingszustand kann man seine Position dann sukzessive wieder etwas „verschärfen". Das bezieht sich natürlich auch in großem Maße auf die beanspruchte Haltemuskulatur des Rumpfes. Also das ruhig das Athletiktraining im Winter etwas forcieren und auch während der Saison beibehalten!

Es gibt eine einfache Möglichkeit den Sitzwinkel zu bestimmen: Indem man von der Sitzfläche ein Lot fällt und den Abstand (Versatz) zum Tretlager misst, kann man aus der folgenden Tabelle den Bezug von Sitzwinkel zu Versatz ablesen.

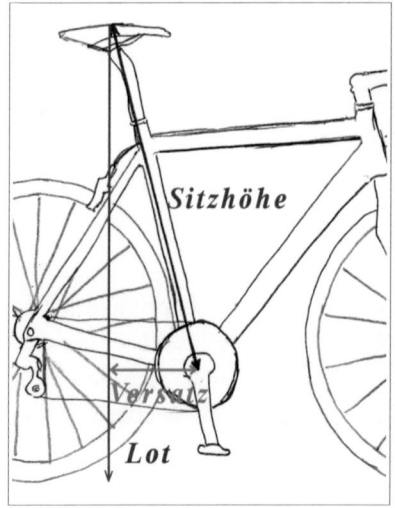

Sitzwinkel	Versatz (s) = Sitzhöhe (h) x Faktor
75°	s = h x 0,259
76°	s = h x 0,242
77°	s = h x 0,225
78°	s = h x 0,208

Tab.: Sitzwinkelbestimmung aus dem Versatz

Abb.: Versatz Sitzfläche/Tretlager

3.2.2   Sattelhöhe bestimmen

Die Sattelhöhe ergibt sich aus der Innenbeinlänge (Schrittlänge). Mit der bereits vorgestellten Formel[10] erhält man einen Orientierungswert.

Sitzhöhe = 0,885 x Innenbeinlänge +/- 10mm

In der Zeitfahrposition sitzt man normalerweise etwas höher als auf dem Rennrad, meist verbunden mit einer tendenziell etwas geringeren Tritt-frequenz.

Abb.: Kniewinkel in der Zeitfahrposition

---

10 http://www.2peak.com/2peak/sitzposition.xls, 10.09.2008

Zur genaueren Bestimmung kann man auch den maximalen Winkel im Kniegelenk messen. Der sollte etwa 153 bis 155° betragen[11]. Ein Kippen der Hüfte bei der Trittbewegung ist ein Zeichen für eine zu hohe Sitzposition und sollte auf jeden Fall vermieden werden. Ist dies der Fall, so resultieren daraus oft auch Schmerzen in der Kniekehle. Beschwerden an der Kniescheibe oder der Patellasehne sind ein Anzeichen für eine zu tief gewählte Sitzposition.

3.2.3   Sitzlänge und Lenkerhöhe einstellen

Zur Bestimmung von Sitzlänge und Lenkerhöhe sind Hüft- und Schulterwinkel die entscheidende Kriterien. Der Hüftwinkel (α) sollte sich im Bereich von 90° $^+/_-$ 3° bewegen. Der Schulterwinkel (β) beträgt etwa 90° $^+/_-$ 5°, so dass sich das Schultergelenk über, beziehungsweise nur leicht hinter, dem Ellbogengelenk befindet. Die Unterarme zeigen in etwa waagerecht nach vorne.

Abb.: Gelenkwinkel in der Zeitfahrposition (Schurr 2005, S.110)

---

11 http://tv.triathlon-szene.de/index.lasso?Rubrik=Filme, Wie man ein Rad schnell macht (2. Teil Sitzposition), 17.10.2008

Für eine gute Kraftentfaltung ist eine kurze, kompakte Haltung zu bevorzugen. Dabei wird der minimale Abstand zwischen Knie und Ellenbogen möglichst klein gehalten. Optimal sind 1-3 Zentimeter.

3.2.4   Feintuning der aerodynamischen Sitzposition

Mit den dargestellten Maßnahmen ist man schon bei einer sehr aerodynamischen Sitzposition angelangt. Jetzt geht es darum, noch die letzten Sekunden herauszuschinden. Dazu einige weitere Tipps[12].

- **Ellenbogenbreite:** eine optimale Haltung auf dem Aufsatz erreicht man dadurch, dass sich die Beine im Windschatten der Arme befinden, diese also nicht seitlich über die Silhouette des Körpers hinausragen. Eine schmälere Haltung muss nicht sein, für eine möglichst entspannte Haltung und bequeme Atmung kann man diese Breite durchaus ausnutzen.

- **Armhaltung:** wenn die Unterarme parallel zueinander verlaufen und sie sich damit im Windschatten der Fäuste befinden ergeben sich (theoretisch) die wenigsten Verwirbelungen. Aufgrund der Ergonomie und des doch marginalen und sehr theoretischen Effektes dieser Maßnahme ist es für die allermeisten wesentlich angenehmer, wenn die Unterarme nach vorne leicht zusammenlaufen.

- **Schulterhaltung:** die optimale Haltung der Schultern erreicht man dadurch, dass sie leicht nach unten gezogen werden und sich unterhalb des Nackens befinden. So verkleinert sich einerseits die Silhouette und andererseits wirkt es sich auf die Anströmung und damit Aerodynamik des Fahrers positiv aus.

---

12 http://tv.triathlon-szene.de/index.lasso?Rubrik=Filme, Wie man ein Rad schnell macht (2. Teil Sitzposition), 17.10.2008

Da der einzelne individuell unterschiedliche anatomische und muskuläre Voraussetzungen mit sich bringt, können die Hinweise nicht verallgemeinert werden. Man kann die Anregungen einfach ausprobieren und sehen ob es für einen selbst so funktioniert. Zu bedenken ist dabei immer auch, dass die Ergonomie der Haltung eine wichtige Rolle spielt. Neben maximaler Aerodynamik sollte die Fahrposition auch „fahrbar" sein und eine möglichst große Leistungsausbeute gewährleisten.

Es ist eine schwierige Aufgabe den optimalen Kompromiss zu finden. Profis gehen in den Windkanal, messen Aerodynamik und Leistungsentfaltung und vergleichen den Effekt minimaler Veränderungen. Im dritten Teil des Buches gibt es noch Hinweise, wie man Tests und Messungen mit relativ geringem Aufwand selbst durchführen kann.

3.2.5   Auswirkungen der aerodynamischen Sitzposition

Jetzt haben wir uns lange genug mit dem Aspekt der optimalen aerodynamischen Sitzposition auseinandergesetzt. Aber wie groß ist eigentlich der Effekt, den man damit erreichen kann?

Was bringt die Zeitfahrposition im Gegensatz zu einer „normalen" Rennradposition? Wie wirkt sie sich auf die Geschwindigkeit aus? Und was letztendlich natürlich entscheidend ist: Welchen Zeitgewinn kann ich dadurch erreichen?

Geschwindigkeitszuwachs

Bei Aerodynamiktests[13] fand man heraus, dass sich bei einer Geschwindigkeit von 45 km/h durch Veränderungen der Sitzposition enorme Leistungseinsparungen realisieren lassen. In der Oberlenker-Haltung sind für eine gleichbleibende Geschwindigkeit von 45 km/h satte 465 Watt notwendig. Allein durch den Wechsel in die Bremsgriff-Haltung lassen sich bereits 22 Watt an Leistung einsparen, wird gleich die Unterlenker-

---

13 Kühnen 1/2007, S.18

Haltung eingenommen sind es sogar 59 Watt. Und in der Zeitfahrposition mit dem Triathlon-Aufsatz kommen nochmals 37 Watt hinzu, das bedeutet eine Gesamtersparnis von rund 20 Prozent! Erstaunliche Werte, die erahnen lassen warum Profis im Windkanal nach letzten aerodynamischen Reserven suchen.

Wie sich veränderte Fahrpositionen auf die realisierbaren Geschwindigkeiten auswirkt, verdeutlicht eindrucksvoll die nachfolgende Grafik. Dargestellt sind die Geschwindigkeiten, die ein Radfahrer auf ebener Strecke mit einer Leistung von 300 Watt in unterschiedlichen Körperhaltungen realisieren kann.

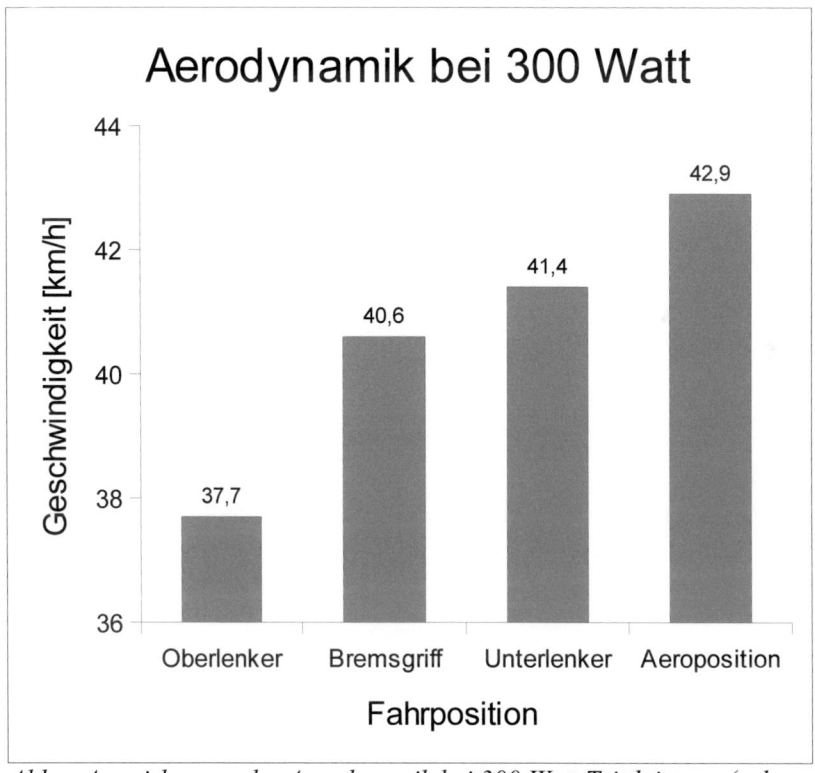

Abb.: Auswirkungen der Aerodynamik bei 300 Watt Trittleistung (vgl. Kühnen 11/1999, S.28)

Aerodynamischer Zeitgewinn

Und was bedeutet das für die realisierbare Zeitersparnis?

Joller (2006) hat die wesentlichen Maßnahmen in einen Zeit- und Geschwindigkeitsgewinn auf einer Ironman-Strecke von 180 Kilometern umgerechnet. Die Berechnungen beruhen dabei auf einer Zusammenfassung unterschiedlicher Messungen im Windkanal und auf einer Radrennbahn. Das Resultat sind Annäherungen und können im Einzelfall auch differieren. Berechnungsgrundlage ist eine flache Strecke bei Windstille.

Maßnahme	Durchschnittsgeschwindigkeit [km/h]	Fahrzeit für 180 Kilometer
Konventionelles Rennrad, Oberlenkerhaltung	30,0	6:00 h
Konventionelles Rennrad, Unterlenkerhaltung	32,1	5:36 h
Konventionelles Rennrad, Aerolenker-Haltung	32,9	5:28 h
Triathlonrad mit konventionellen Laufrädern	33,6	5:21 h
Triathlonrad mit Aerolaufrädern	34,8	5:10 h
Triathlonrad mit Aerolaufrädern und Aerohelm	35,0	5:09 h

Abb.: Zeitersparnis im Ironman (Joller 2006, S.50)

Auffällig ist auch in dieser Untersuchung, dass sich die größte Zeitersparnis mit einer optimierten Sitzposition erreichen läßt. Bereits auf einem konventionellen Rennrad mit 74° Sitzrohrwinkel kann man viel

Zeit gewinnen, wenn man überwiegend in der günstigen Aerolenker-Haltung fährt. Der Umstieg auf ein Triathlonrad mit steilerem Sitzrohrwinkel kippt den Fahrer noch weiter nach vorne/unten, verkleinert damit dessen Stirnfläche und verbessert die strömungsgünstige Form zusätzlich.

Mit einem Wechsel auf aerodynamische Laufräder läßt sich nochmals ein ordentlicher Vorteil bewerkstelligen. Wie sich weitere Maßnahmen bei der Materialauswahl auswirken können ist Thema der folgenden Kapitel.

Teil 2

Das Material

4 Materialoptimierung

Wie wir bisher festgestellt haben, ist neben der körperlichen Fitness vor allem die Sitzposition ein wichtiges Kriterium für eine optimale Leistungsfähigkeit beim Fahrradfahren.

Der nächste Aspekt ist das Material. Auf die jeweiligen Bedingungen angepasst, ergibt sich weiteres Potenzial für bestmögliche Wettkampfergebnisse.

Mit welchen Maßnahmen lassen sich die besten Wirkungen erzielen?

Vor allem die Aerodynamik und das Gewicht sind Gesichtspunkte, die sich bei unterschiedlichen Streckenprofilen ganz wesentlich auf die Performance auswirken können! Aber nicht nur die! Auch der Rollwiderstand des Reifens auf der Fahrbahnoberfläche hat einen oft unterschätzten Einfluss, den man mit der entsprechenden Reifenauswahl und dem richtigen Luftdruck leicht und relativ preiswert verringern kann. Außerdem sind da noch die Reibungsverluste in den beweglichen Teilen des Fahrrades. Auch sie werden wir einer genaueren Betrachtung unterziehen.

5 Kräfte und Widerstände beim Fahrradfahren

Um den Materialeinfluss beim Fahrradfahren zu beurteilen, sollte man sich zunächst einmal die Kräfte, die auf den Radfahrer und sein Fahrrad wirken, bewusst machen. Was treibt den Radler an? Was hindert ihn an weiteren Geschwindigkeitssteigerungen?

Der Radfahrer versucht seine Kraft, die er bei jedem Tritt auf das Pedal ausübt, möglichst effizient in Vortrieb umzusetzen. Die Fahrgeschwindigkeit die er dabei erzielt, ist immer das Ergebnis von zwei Kräften, die gegeneinander wirken:

1. **Antriebskraft:** sie bewegt den Fahrer mit seinem Fahrrad vorwärts und ist das Resultat der Kraft, die der Athlet auf die Pedale bringt.

2. **Widerstandskraft:** sie versucht den Fahrer in seiner Vorwärtsbewegung zurückzuhalten und resultiert aus mehreren Komponenten:

    - *Radwiderstand*, er resultiert vor allem aus dem *Rollwiderstand* zwischen Reifen und Fahrbahn, aber auch aus der *Reibung* in Lagern und Kettentrieb.

    - *Luftwiderstand*

    - *Beschleunigungswiderstand*

    - *Steigungswiderstand*

    - *Schwingungswiderstand*

Sind beide Kräfte gleich groß, so ist das Resultat eine gleichbleibende Fahrgeschwindigkeit. Ist die Antriebskraft größer als die Widerstandskraft wird der Fahrer beschleunigt, ist sie kleiner wird er abgebremst.

Die Antriebskraft kann der Fahrer durch einen verbesserten Trainingszustand und einen effektiven Trittzyklus erhöhen.

Und wie sieht es mit der Widerstandskraft aus? Wie läßt sie sich möglichst stark reduzieren? Natürlich wieder einmal mit einer aerodynamisch optimierten Sitzposition. Das haben wir ja im ersten Teil ausgiebig erörtert. Uns interessieren jetzt die Möglichkeiten, die sich mit der Materialauswahl beeinflussen lassen.

Wie wir gesehen haben setzt sich die Widerstandskraft aus mehreren Komponenten zusammen. Die Widerstände, die wir auch merklich beeinflussen können, sind dabei:

1. Rollwiderstand

2. Luftwiderstand

3. Beschleunigungswiderstand

4. Steigungswiderstand

5. Lager- und Kettenreibung

Der **Schwingungswiderstand** ist eine ganz schwer erfass- und berechenbare Größe. Das rührt daher, dass es sich beim Radfahrer mit seinem Material um ein sehr komplexes System handelt[14]. Da aber der Gesamteinfluss auf die Widerstandskraft bei Rennrädern sehr gering ist, können wir ihn in unserer Betrachtung vernachlässigen. Bei Mountain-Bikes mit Dämpfungssystemen (Federgabel, Hinterbau) ist der Einfluss wesentlich größer, so das sich in diesem Fall eine genauere Betrachtung lohnen würde.

---

14 Gressmann 1995, S.52

5.1 Der Rollwiderstand

Der Rollwiderstand spielt sich zwischen Fahrbahnoberfläche und Reifen ab. Er ist die Folge von Energieverlusten, die sich bei der Verformung des Reifens ergeben und setzt sich aus dem *Walkwiderstand* (unvollkommene elastische Formänderung zwischen Reifen und Fahrbahn) und dem *Abrollwiderstand* (bremsendes Kippmoment um den wahren Drehpunkt)[15] zusammen. Der Rollwiderstand erhöht sich zwar mit steigender Fahrgeschwindigkeit, hängt aber nur unwesentlich mit dieser zusammen[16]. Einflussgrössen sind vor allem die dimensionslose Rollwiderstandszahl und das Systemgewicht aus Fahrer und Fahrrad. Die Rollwiderstandszahl hängt vom Reifen und dessen Luftsruck sowie der Fahrbahnoberfläche ab. Somit ist der Rollwiderstand proportional zum Systemgewicht.

$$F_{Roll} = F_G \times k_R$$

F_{Roll} = Rollwiderstandskraft [N]
F_G = Gewichtskraft von Fahrer und Fahrrad [N]
k_R = Rollwiderstandszahl

Die erforderliche Rollwiderstandsleistung ist im Gegensatz zum reinen Rollwiderstand sehr wohl von der Fahrgeschwindigkeit abhängig, da sie sich aus dem Produkt aus Rollwiderstandskraft und Geschwindigkeit errechnet.

---

15 Gressmann 1995, S.43

16 Gressmann 1995, S.49

$$P_{Roll} = F_{Roll} \times V$$

P_{Roll} = Rollwiderstandsleistung [Watt]
V = Fahrgeschwindigkeit [m/s]

Somit ist der Rollwiderstand des Reifens von dessen Eigenschaften abhängig. Also beispielsweise von der verwendeten Gummimischung oder dem Aufbau des Mantels. Zur Verringerung des Rollwiderstandes kann man neben den Eigenschaften des Reifens auch an dessen veränderbaren Variablen ansetzen. Das betrifft zum Beispiel den Luftdruck. Ob, und in welchem Ausmaß, auch die Reifenbreite ein Kriterium darstellt, werden wir noch sehen.

5.1.1 Der Fahrradreifen

Im Radsport kommen grundsätzlich zwei unterschiedliche Reifenarten zum Einsatz:

- **Drahtreifen:** der Schlauch wird als separates Teil lose zwischen Felge und Decke eingelegt.

- **Schlauchreifen:** der Schlauch wird bei diesem Reifentyp in die sogenannte Karkasse eingenäht. Der Reifen wird somit zu einem einzelnen Bauteil.

Entsprechend unterschiedlich müssen die Felgen der Laufräder konstruiert werden: Bei der Drahtreifenfelge werden die beiden seitlichen Felgenflanken jeweils als Felgenhorn hochgezogen, so dass der Reifen seitlich seinen Halt erhält. Bei der Schlauchreifenfelge wird das Felgenbett wie eine Mulde ausgebildet, hier wird der Schlauchreifen dann mit einem Klebers fixiert.

Viele Profis schwören im Renneinsatz auf geklebte Schlauchreifen, sie bieten in Verbindung mit den leichteren Felgen Gewichtsvorteile und im Falle eines plötzlichen Luftverlustes weit größere Sicherheitsreserven.

Die Drahtreifen werden wegen geringerer Anschaffungskosten und der größeren Alltagstauglichkeit oft im Training bevorzugt. Eine generelle Überlegenheit eines Reifens kann man nicht unbedingt attestieren. Einsatzzweck und persönliche Vorlieben spielen bei der Auswahl eine große Rolle. Wie die Unterschiede der beiden Reifentypen ausfallen verdeutlicht die folgende Tabelle.

	Schlauchreifen	Drahtreifen
Gewicht	+	0
Fahrkomfort	+	0
Sicherheit im Pannenfall	+	-
Pannenschutz	0	0
Durchschlagschutz	+	-
Reifenmontage	-	+
Reifenwechsel	+	0
Reifenreparatur	-	+
Rolleigenschaften	0	0
Luftverluste	-	+
Preis	-	+

Abb.: Schlauch- und Drahtreifen im Vergleich

Neben dem Rollwiderstand ist der Reifen natürlich auch wesentlich für den Fahrkomfort des Rades verantwortlich. Schließlich stellt er die Kontaktfläche zwischen Fahrrad und Fahrbahn dar und überträgt damit

Unebenheiten und Schlaglöcher der Straße unmittelbar auf den Fahrer. Generell kann man festhalten, dass zunehmendes Reifenvolumen und abnehmender Reifendruck den Komfort erhöhen, da dadurch die Stöße, Schläge und Fahrbahnunebenheiten besser abgefedert werden.

Eine weitere wichtige Aufgabe des Reifens stellt dessen Bodenhaftung dar. Sie ergibt sich unter anderem aus der verwendeten Gummimischung und dem generellen Aufbau. Sowohl im Trockenen wie auch bei Nässe sollte der Reifen den Fahrer zuverlässig um die Kurve bringen. Gerade Bodenhaftung und Rollwiderstand sind zwei sehr gegensätzliche Anforderungen an einen Reifen und lassen sich nur schwer unter einen Hut bringen.

Man sieht, dass der Reifen einen großen Einfluss auf Fahrverhalten, -komfort und -widerstand ausübt und vielen, teilweise sehr widersprüchlichen, Anforderungen genügen muss.

Was hinsichtlich des Rollwiderstandes eines Fahrradreifens ein wichtige Rolle spielt, sind neben der verwendeten Gummimischung vor allem zwei beeinflussbare Gesichtspunkte:

1. der Luftdruck
2. die Reifenbreite

Der Luftdruck

Je größer der Luftdruck eines Reifens gewählt wird, desto geringer wird sein Rollwiderstand. Allerdings leidet bei zunehmendem Luftdruck im Gegenzug der Fahrkomfort immer mehr, die Unebenheiten der Fahrbahn werden nicht mehr abgefedert und der Fahrer spürt die Schläge unmittelbar über Sattel und Lenker. Damit ist natürlich auch eine deutlich größere Haltearbeit notwendig, Verspannungen und eine Ermüdung der Haltemuskulatur treten früher ein. Auch das kann sich negativ auf die Leistungsfähigkeit auswirken!

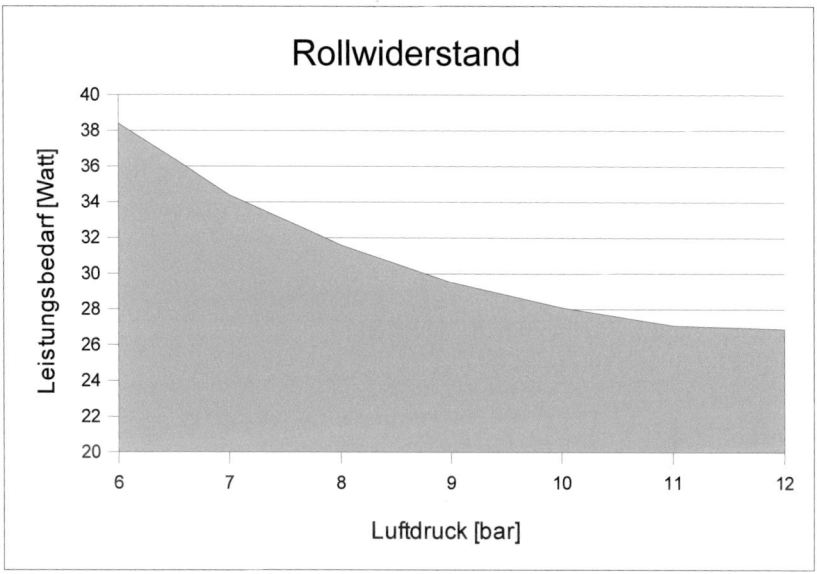

Abb.: Rollwiderstand in Abhängigkeit vom Luftdruck (vgl. Kühnen 2008)

Die Abhängigkeit von Rollwiderstand und Luftdruck ist im Diagramm dargestellt. Mit zunehmendem Luftdruck wird der Rollwiderstand deutlich kleiner. Außerdem fällt auf, dass sich Luftdruckerhöhungen bei geringen Drücken wesentlich stärker auswirken als wenn der Reifen bereits prall gefüllt ist. Hier bringen weitere Druckerhöhungen nicht mehr viel, die Kurve nähert sich einer Asymptote an. 3 Watt Leistungsersparnis zwischen 9 und 12 Bar stehen knapp 10 Watt zwischen 6 und 9 Bar gegenüber. Gemessen wurden diese Werte bei 35 km/h.

Was man aus der Kurve natürlich nicht herauslesen kann, ist der abnehmende Fahrkomfort. Bei sehr hohen Drücken spürt man jede Unebenheit und jedes Loch in der Fahrbahn, die Fahrt wird zunehmend ruppiger. Trotzdem kann man mit dem richtigen Luftdruck durchaus 10 Watt Leistungsersparnis herauskitzeln, und das bei noch annehmbarem Komfort. Bei der angesprochenen Geschwindigkeit von 35km/h bedeutet dies immerhin einen Gewinn von etwa 0,5 km/h.

Die Reifenbreite

Die meisten Athleten gehen davon aus, dass der Rollwiderstand umso kleiner wird, desto schmaler der Reifen ist. Vor allem im Zeitfahren sind die nur 19mm breiten speziellen Zeitfahrreifen oft erste Wahl. Ist dem wirklich so? Lohnt sich der Griff zu den extraschmalen Reifen? Den vermeintlich geringeren Rollwiderstand erkauft man sich schließlich auch mit deutlichen Komforteinbusen!

Der Einfluss der Reifenbreite auf den Rollwiderstand läßt sich aus einer einfachen physikalischen Formel herleiten:

$$P = F / A$$

P = Reifendruck [bar]
F = Gewichtskraft von Fahrer und Fahrrad [N]
A = Aufstandsfläche des Fahrradreifens [mm^2]

Stellt man die Formel um nach der Reifenaufstandsfläche um, erkennt man, dass diese bei konstantem Gewicht des Gesamtsystems aus Fahrer und Fahrrad und konstantem Reifendruck immer identisch ist. Und das unabhängig von der Reifenbreite:

$$A = F / P$$

Was folgt aus dieser Betrachtung?

Dazu schauen wir uns zunächst einmal die Reifenaufstandsfläche bei unterschiedlicher Reifenbreite an.

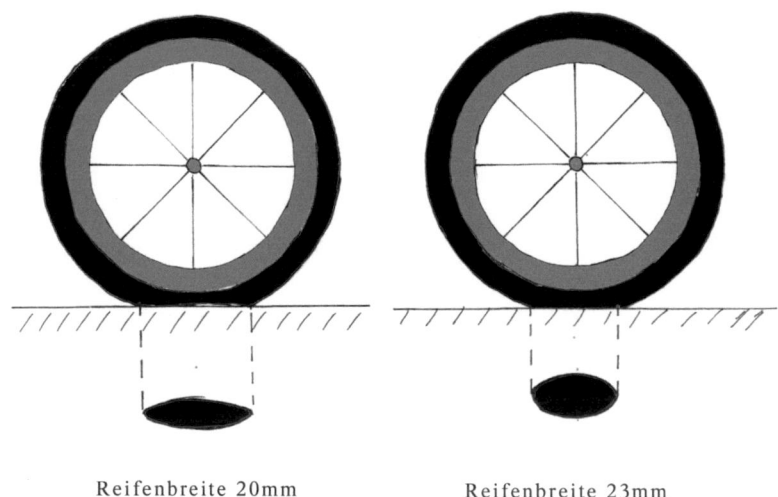

Reifenbreite 20mm   Reifenbreite 23mm

Abb.: Reifenaufstandsfläche bei unterschiedlicher Reifenbreite

Wie man in der Abbildung erkennen kann, ergibt sich bei gleicher Fläche für den breiteren Reifen eine wesentlich kürzere Aufstandsfläche. Das bedeutet, dass der Reifen weniger stark eingedrückt wird. Damit muss er weniger Walkarbeit verrichten, was natürlich auch einem geringeren Rollwiderstand zugute kommt. Zum anderen wird aber auch das für den Abrollwiderstand bremsende Kippmoment des Reifens kleiner. Auch das spricht für eine Verbesserung des Rollwiderstandes!

Ergo: der breitere Reifen hat bei gleichem Druck einen geringeren Rollwiderstand!

Nachdem moderne Reifen auch in der Breite von 23 oder 25mm mit Drücken bis zu 10 Bar gefahren werden können, ist im Normalfall unter dem Gesichtspunkt des Rollwiderstandes der breitere Reifen die bessere Wahl. Oder anders ausgedrückt: der breitere Reifen kann bei gleicher

Aufstandslänge mit niedrigerem Druck gefahren werden. Dies kommt dann wiederum dem Fahrkomfort zugute. Zwar wird damit auch die Gesamtaufstandsfläche größer, der Einfluss der Aufstandslänge auf den Rollwiderstand ist aber sicherlich wesentlich größer.

Reifenauswahl

Was ist bei der Reifenauswahl zu beachten? Das kommt natürlich vor allem auf dessen Einsatzzweck an. Schließlich werden an den Fahrrad-reifen mehrere -sich teilweise gegenseitig ausschließende- Anforderungen gestellt, die er nicht alle in gleichem Maß erfüllen kann:

- Pannensicherheit

- geringer Rollwiderstand

- gute Bodenhaftung bei trockener und nasser Fahrbahn

Die Reifenhersteller versuchen Ihren Reifen den bestmöglichen Kompro-miss mitzugeben. Manchen gelingt dies besser, manchen weniger gut. Untersuchungen[17] haben ergeben, dass bezüglich des Rollwiderstandes aktueller Drahtreifen bei 35 km/h der schlechteste gegenüber dem besten einen Leistungs-Mehraufwand von über 20 Watt verursacht. Das bedeutet einen Geschwindigkeitsvorteil des „Leichtrollers" von etwa 1,5 km/h. Vor der Auswahl und Kauf eines Reifens lohnt sich also auf jeden Fall der Blick in aktuelle Testveröffentlichungen.

5.1.2   Schlauchauswahl

Auch der Schlauch hat einen großen Einfluss auf den Rollwiderstand: Je leichter der Schlauch, desto besser ist der Rollwiderstand der Kombi-

---

17 Kühnen 8/2008, S.38ff

nation aus Reifen und Schlauch, allerdings wird damit auch die Pannen-anfälligkeit größer. Latexschläuche verursachen geringere Rollwider-stände, haben aber den Nachteil, dass sie schneller Luft verlieren und daher öfter nachgepumpt werden muss. Damit haben wir beim Fahrrad-schlauch vor allem zwei Einflussgrößen, die den Rollwiderstand beein-flussen:

1. **Gewicht**: je leichter der Schlauch, desto geringer der Roll-widerstand

2. **Material**: Latex hat die besseren Rolleigenschaften als Butyl

Generell kann man mit einem Latexschlauch gegenüber einem schweren Butylschlauch bei 35 km/h eine Leistungsersparnis von 6 Watt erreichen, das bedeutet eine Senkung von 17 Prozent und eine Geschwindigkeits-steigerung von etwa 0,3 km/h[18].

5.2   Der Luftwiderstand

Wie sich eine Optimierung der Sitzposition nach aerodynamischen Ge-sichtspunkten auf die Fahrgeschwindigkeit auswirkt haben wir ja bereits im ersten Teil des Buches festgestellt: Auf ebener Strecke hat der Luft-widerstand den mit Abstand den größten Einfluss auf die maximal erreichbare Geschwindigkeit. Er entsteht durch den Staudruck, das ist die Luftsäule, die der Fahrradfahrer vor sich her schiebt, sowie durch die Reibung zwischen der Körper- und Fahrradoberfläche und der umström-enden Luft. Der Luftwiderstand ist erstens von der Form des umströmten Körpers und zweitens von der Größe dessen Stirnfläche abhängig. Soweit eigentlich alles aus dem ersten Teil bekannt.

Zur Beschreibung der aerodynamischen Güte eines Körpers verwendet man den sogenannten cw-Wert. Er wird experimentell in Strömungs-

---

18 Kühnen 8/2008, S.40

versuchen im Windkanal ermittelt und gilt bei frontaler Anströmung. Kommt zum Fahrtwind noch ein seitlicher Wind hinzu, so ändert sich der cw-Wert des Körpers. Unter realen Fahrbedingungen ist die Richtung des Windes nur bei windstille oder Gegen-, beziehungsweise Rückenwind, direkt von vorne. Ansonsten ergibt sich aus Fahrt- und Seitenwind ein resultierender Wind von der Seite. In der nachfolgenden Abbildung ist dies gut zu erkennen.

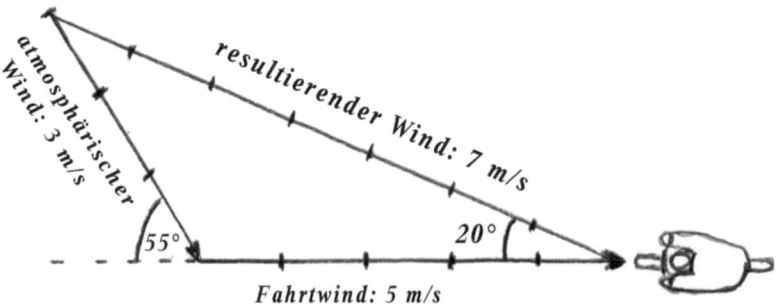

Abb.: resultierender Wind

Bei geometrischer Addition von Seiten- und Fahrtwind ergibt sich ein resultierender Wind mit neuem Betrag und Richtung. Dieser ist für die aerodynamische Betrachtung der entscheidende Wert. Aus der Zeichnung kann man ableiten, dass er umso frontaler wird, je kleiner der Seitenwind und desto größer die Fahrgeschwindigkeit ist. Unter realen Bedingungen liegt die Anströmung auf den Fahrer zu etwa 60 bis 70 Prozent im Bereich von 10 bis 20 Grad. Dies ist auch bei Materialtests ein wichtiger Aspekt. Oft unterscheiden sich zum Beispiel Laufräder bei frontaler Anströmung in ihren aerodynamischen Eigenschaften kaum voneinander, fällt der Wind aber unter einem größeren Winkel ein, gibt es teilweise schon deutlich größere Unterschiede zu verzeichnen.

Die Kraft zur Überwindung des Luftwiderstandes berechnet sich nach folgender Formel:

$$F_L = \tfrac{1}{2}\, c_W \, \rho \, V^2 \, A$$

F_L = Luftwiderstandskraft [N]
c_W = Luftwiderstandsbeiwert
ρ = Luftdichte [kg/m³]
V = Fahrgeschwindigkeit [m/s]
A = Frontale Fläche von Fahrer und Fahrrad [m²]

Die Leistung, die zur Überwindung des Luftwiderstandes notwendig ist, ist von der Geschwindigkeit abhängig. Man multipliziert die Kraft mit der Geschwindigkeit:

$$P_L = F_L \cdot V$$

P_L = Luftwiderstandsleistung [Watt]

Da die Geschwindigkeit bereits in die Berechnung der Luftwiderstandskraft im Quadrat eingeht, geht sie in die Berechnung der erforderlichen Leistung in der dritten Potenz ein. Das bedeutet, dass bei doppelter Geschwindigkeit aufgrund des Luftwiderstandes bereits die achtfache Leistung zur Aufrechterhaltung der Geschwindigkeit notwendig ist!

5.2.1 Aerodynamische Optimierungsmöglichkeiten

Nachfolgend werden die wesentlichen Einflussfaktoren auf die Aerodynamik und den resultierenden Energieverlust beim Fahrradfahren in der Reihenfolge ihrer Bedeutung aufgeführt[19]. Hier gilt es zunächst anzusetzen:

1. Sitzposition

2. Laufräder

3. Bekleidung / Aerohelm

4. Fahrradrahmen

5. Komponenten (Flaschenhalter, ...)

Den wichtigsten Einflussfaktor, die Sitzposition, haben wir bereits mehrfach angesprochen und im ersten Teil des Buches behandelt. In unserer weiteren Betrachtung geht es jetzt um Maßnahmen, die sich mit dem Material beeinflussen lassen. Und da ist der größte Brocken bei den Laufrädern zu suchen.

5.2.2 Laufräder

In den Laufrädern steckt beim Rennrad mit Sicherheit das größte Potenzial für effektives Materialtuning. Das hat sowohl mit dem Gewicht als auch der Aerodynamik der Räder zu tun. Mit dem Einfluss des Gewichts werden wir uns dann in den Kapiteln „Beschleunigungswiderstand" und „Steigungswiderstand" beschäftigen. Jetzt geht es zunächst einmal um den Einfluss auf die Aerodynamik.

---

19 Schoberer 2005

Aerodynamik des Laufrades

Was das Laufrad aus aerodynamischer Sicht besonders interessant macht ist die Tatsache, dass die anströmende Luft am äußeren Umfang eines rotierenden Laufrades die doppelte Fahrtgeschwindigkeit erreicht. Dies rührt daher, dass sich am oberen Punkt die Rotationsgeschwindigkeit des Laufrades zur Fahrgeschwindigkeit hinzuaddiert. An der Aufstandsfläche auf der Fahrbahnoberfläche ist die Situation gerade entgegengesetzt. Die Rotationsgeschwindigkeit wirkt entgegen der Fahrgeschwindigkeit, die relative Geschwindigkeit wird null. Der Einfluss auf den Luftwiderstand damit natürlich auch.

Da der Luftwiderstand exponentiell mit der Fahrgeschwindigkeit ansteigt, kommt der Felgenhöhe und -form eine besondere Bedeutung zu. Mit zunehmender Felgenhöhe wird die Speichenlänge verkürzt. Dadurch können bremsende Luftverwirbelungen, die hauptsächlich an den Speichen entstehen, reduziert werden.

Der Leistungsbedarf erhöht sich mit steigender Geschwindigkeit in der dritten Potenz. Für eine Verdopplung der Fahrgeschwindigkeit ist somit die achtfache Leistung notwendig. In der Zeichnung erkennt man, dass fast der gesamte Leistungsbedarf für die Fortbewegung im oberen Drittel entsteht. Damit nimmt die Höhe der Felge einen entscheidenden Einfluss auf die Aerodynamik des Laufrades.

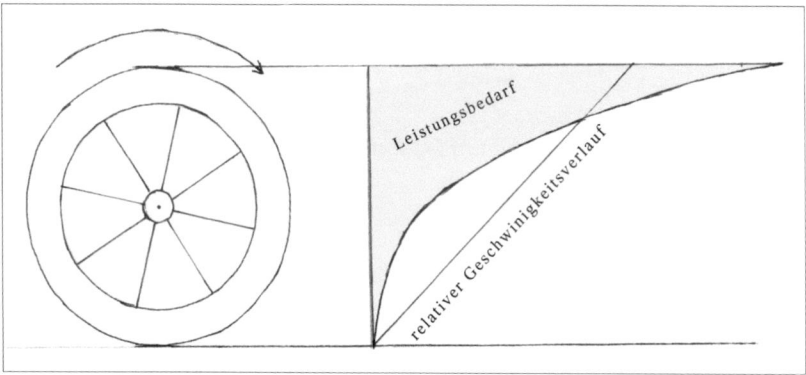

Abb.: Geschwindigkeitsverlauf und Leistungsbedarf am Laufrad

Speichenanzahl

Wir haben bereits festgestellt, dass an den Speichen die stärksten Luft-verwirbelungen entstehen. Somit ist es naheliegend, dass die Anzahl der Speichen ein Kriterium für die aerodynamische Eigenschaften des Laufrades darstellt. Denn: Je weniger Speichen verbaut werden, desto weniger Luftverwirbelungen entstehen. Daraus resultiert dann eine verbesserte Aerodynamik. Das sieht man auch im nachfolgenden Dia-gramm. Aufgetragen ist der Luftwiderstand von Laufrädern mit unter-schiedlicher Speichenanzahl. Die Werte wurden bei 45 km/h und ver-schiedenen seitlichen Anströmungen ermittelt.

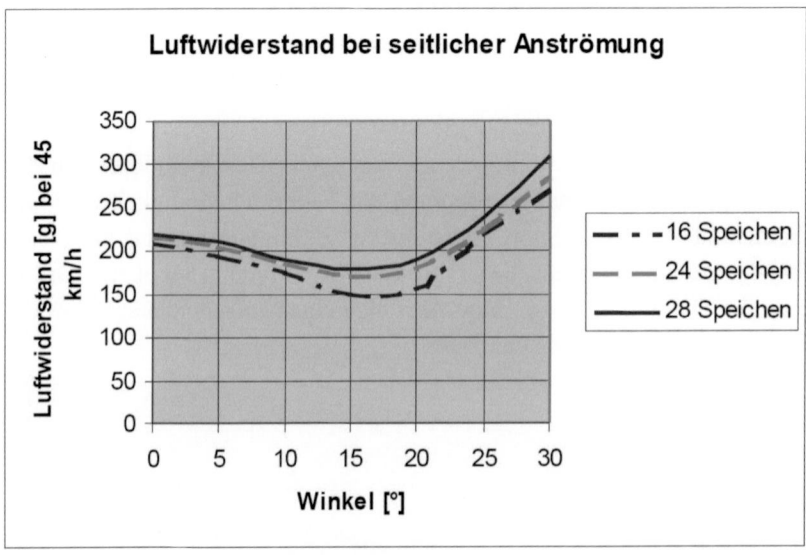

Abb.: Luftwiderstand in Abhängigkeit von der Speichenanzahl (vgl. www.zip.com, 18.08.2008)

Aus aerodynamischer Sicht spricht also alles für eine möglichst geringe Speichenanzahl. Die verbesserte Aerodynamik erkauft man sich aller-dings mit einem großen Nachteil, der schlechteren Seitensteifigkeit.

Für leichte Fahrer und Zeitfahren reicht eine niedrige Speichenanzahl sicher aus. Sie bietet eindeutig die bessere aerodynamische Performance. Für schwerere Fahrer oder bei Kriterien kann sich aber bezüglich der Laufradsteifigkeit ein Problem ergeben. Interessant ist dabei, dass der Gewinn an Seitensteifigkeit bei einer Erhöhung von 16 auf 20 Speichen mit 9,2 Prozent recht deutlich ausfällt während er bei weiterer Erhöhung nicht mehr so ins Gewicht fällt. Das nachfolgende Diagramm veranschaulicht das Ausweichen eines Laufrades bei einer seitlichen Felgenbelastung bei unterschiedlicher Speichenanzahl. Die verwendete Felge ist jeweils die gleiche.

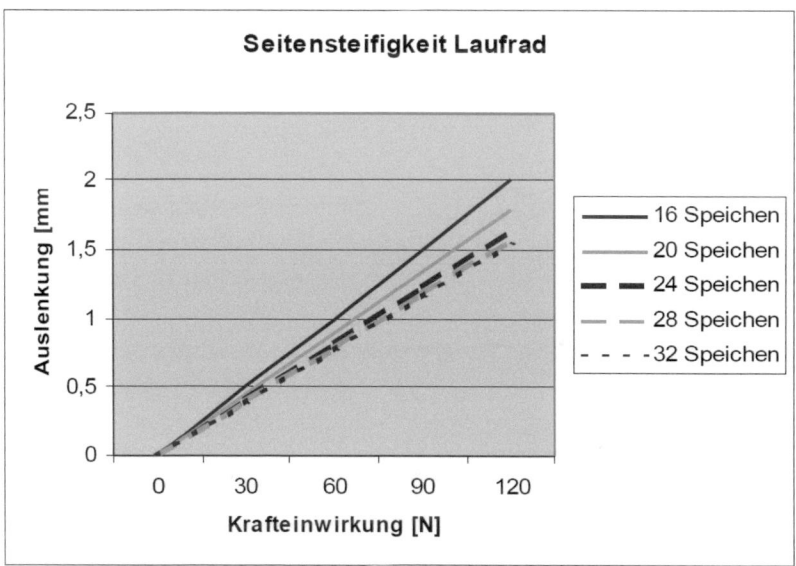

Abb.: Seitensteifigkeit eines Laufrades in Abhängigkeit von der Speichenanzahl (vgl. www.zip.com , 18.08.2008)

Speichenform

Die Reduzierung der Speichenanzahl ist eine Möglichkeit um die Aerodynamik des Laufrades zu verbessern. Eine weitere ist die Verwendung von Messerspeichen mit aerodynamisch optimiertem Profil. Hier gibt es wesentliche Unterschiede. Die nachfolgende Abbildung zeigt die zum Einsatz kommenden Speichen und verdeutlicht die aerodynamischen Eigenschaften anhand der auftretenden Luftverwirbelungen.

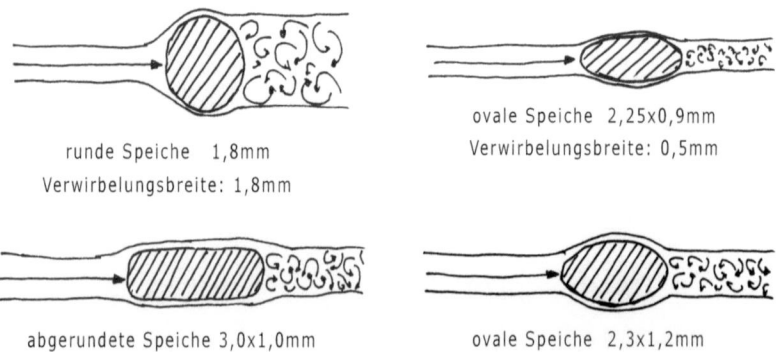

runde Speiche   1,8mm
Verwirbelungsbreite: 1,8mm

ovale Speiche   2,25x0,9mm
Verwirbelungsbreite: 0,5mm

abgerundete Speiche 3,0x1,0mm
Verwirbelungsbreite: 1mm

ovale Speiche   2,3x1,2mm
Verwirbelungsbreite: 0,8mm

Abb.: Speichenformen und Verwirbelungen (vgl. www.zip.com ,
18.08.2008)

Ein Vergleich der ovalen (2,25x0,9mm) mit den abgerundeten (3,0x1,0mm) Speichen an einer identischen Felge zeigt, dass der Einfluss der Speichenform auf die Aerodynamik noch größer ist als deren Anzahl. Also sollte die erste Maßnahme immer darauf abzielen, dass man entsprechend aerodynamisch optimierte Speichenquerschnitte wählt. Die Reduzierung der Speichenanzahl ist zweitrangig und sollte sich auch am Fahrergewicht orientieren, so dass damit die Seitensteifigkeit des Laufrades einen akzeptablen Wert gewährleistet.

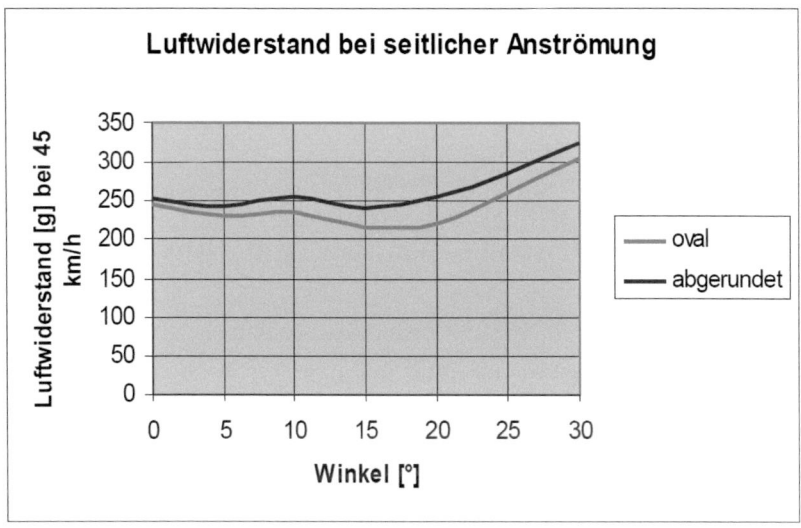

Abb.: Luftwiderstand in Abhängigkeit von der Speichenform (vgl.
www.zip.com , 18.08.2008)

Felgenform und -höhe

Neben den Speichen ist natürlich vor allem die Höhe der Felgen ein entscheidendes aerodynamisches Kriterium. Wir haben ja bereits festgestellt,
dass sich der wesentliche Einfluss auf den notwendigen Leistungsaufwand vor allem im oberen Drittel des Laufrades abspielt. Durch eine hohe
Felge kann man hier natürlich die Luftverwirbelungen deutlich verringern. Moderne Laufräder erhält man bis zu einer Felgenhöhe von 102
Millimetern. Wie sich dies auswirkt, läßt sich aus dem Diagramm ablesen.

Die gute Aerodynamik erkauft man sich leider auch mit einem höheren
Laufradgewicht, und das auch noch als Masse am äußersten Rand des zu
beschleunigenden Rades. Hier fällt sie bei Beschleunigungsvorgängen
besonders stark ins Gewicht. Aber dazu mehr im Kapitel „Beschleunigungswiderstand".

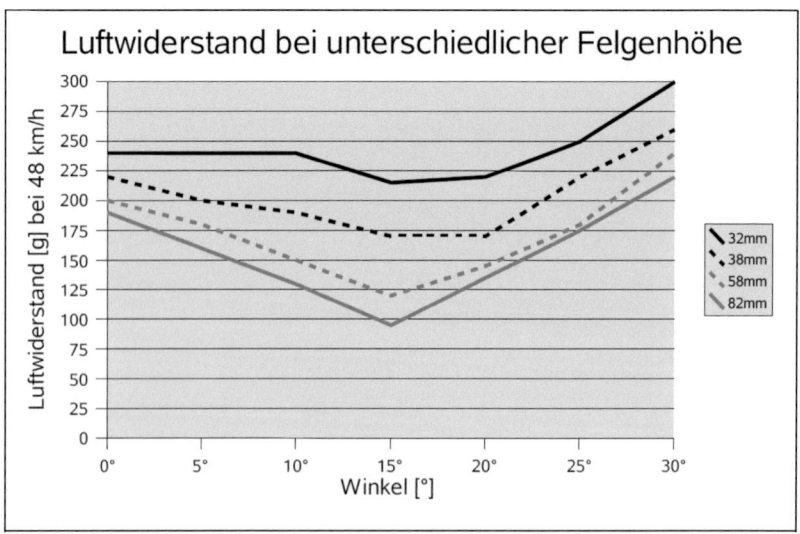

Abb.: Luftwiderstand bei unterschiedlicher Felgenhöhe (vgl. www.zip.com, 18.08.2008)

Neben der Höhe spielt auch die Form der Felge eine Rolle. Die ersten Felgenprofile waren lediglich nach unten spitz zulaufende V-Formen, moderne Felgenprofile werden in ihrem Querschnitt nach aerodynamischen Gesichtspunkten optimiert. Dies erreicht man durch bauchig ausgebildete Querschnitte.

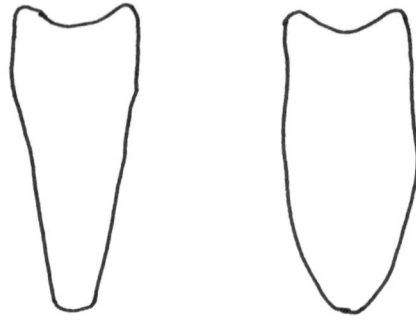

Abb.: Felgenformen (vgl. www.zip.com , 18.08.2008)

Auch hierzu zeigen sich im Diagramm deutliche Vorteile der neu entwickelten Profilquerschnitte.

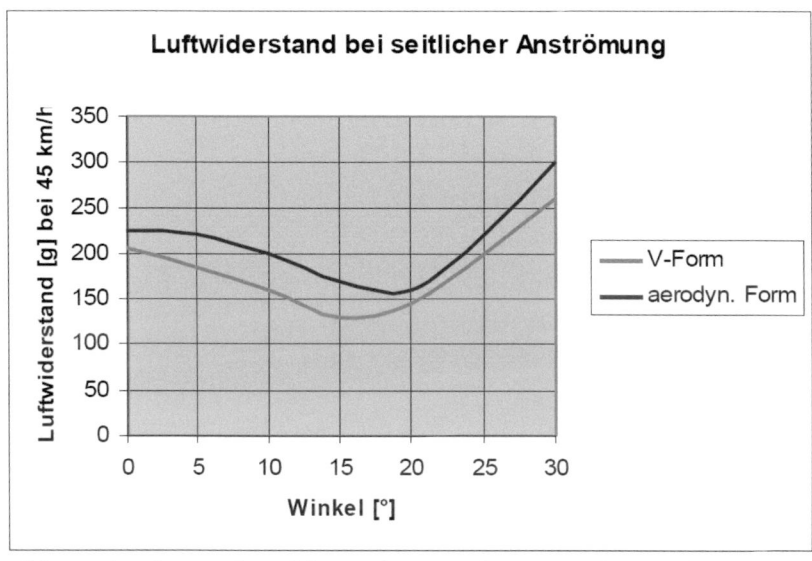

Abb.: Luftwiderstand in Abhängigkeit von der Felgenform (vgl. www.zip.com , 18.08.2008)

Neben „klassischen" Speichenlaufrädern kommen auch Scheibenräder oder sogenannte Tri- und Fourspokes aus Carbon und tragflügelartigem

Speichendesign zum Einsatz. Sie bieten vor allem bei seitlicher Anströmung meist deutliche Vorteile gegenüber Hochprofillaufrädern mit normalen Speichen. Das macht die Laufräder vor allem auch für Athleten im mittleren Leistungsbereich, die sich in etwa mit Durchschnittgeschwindigkeiten von 35-40 km/h fortbewegen, interessant. Denn hier fällt der resultierende Wind aus Fahrt- und Seitenwind mehr seitlich ein.

Eine Scheibe bietet beispielsweise gegenüber einem konventionellen Laufrad mit 32 Speichen bei 45 km/h und ebener Strecke eine Leistungsersparnis von etwa 30 Watt[20], das bedeutet auf die Stunde eine Zeitersparnis von 2 bis 3 Minuten, oder, bezogen auf die Geschwindigkeit, einen Vorteil von immerhin 1,5 bis 2 km/h.

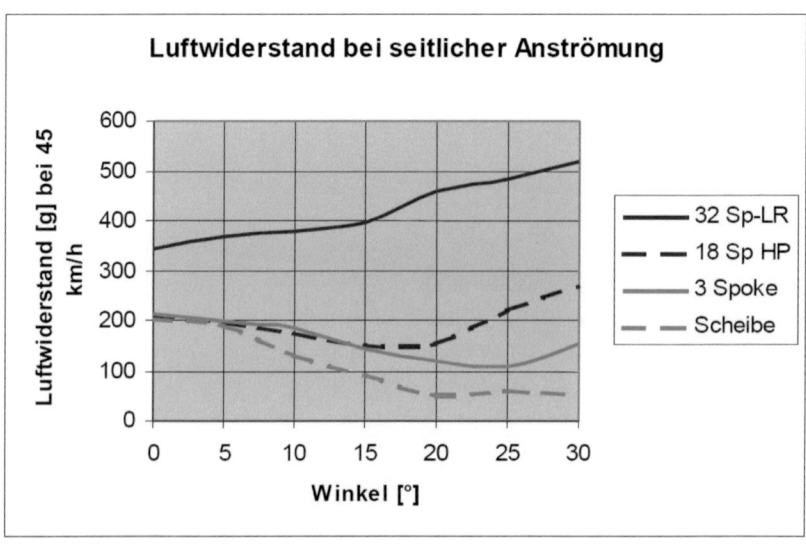

Abb.: Luftwiderstand in Abhängigkeit von der Felgenform (vgl. www.zip.com , 18.08.2008)

5.2.3 Weitere aerodynamische Optimierungsmaßnahmen

Mit der Optimierung von Sitzposition und Laufrädern ist für die Aerodynamik bereits das wesentliche Potenzial ausgereizt. Die weiteren

20 Sienknecht 2005, S. 29

Maßnahmen fallen nur noch wenig ins Gewicht und die einzelnen Effekte sind schwer zu bewerten. Das rührt daher, dass das Gesamtsystem aus Fahrer und Fahrrad vielen unterschiedlichen Einflussfaktoren ausgesetzt ist und sich die einzelnen Teile sehr stark gegenseitig beeinflussen. Je nach Seitenwind, Körperhaltung, Körperform, usw. können individuell sehr unterschiedliche Luftströme auftreten.

Aerodynamische Untersuchungen haben nach der Sitzpositions- und Laufradoptimierung für weitere Maßnahmen folgende Leistungsersparnis bei 45km/h (Leistungsbedarf etwa 350 Watt) ergeben[21]:

- Zeitfahrrahmen: 17 Watt

- eng anliegender Zeitfahranzug: 10 Watt

- Aerohelm: 3 Watt

Zum Vergleich: die Optimierung der Sitzposition von der Oberlenker-haltung zur Zeitfahrposition hat bei der vorliegenden Untersuchung 110 Watt eingespart, zwischen Ober- und Unterlenkerhaltung waren es immerhin knapp 60 Watt. Die Verwendung eines Tri-Spoke Vorderrades in Verbindung mit einer Scheibe als Hinterrad brachte im Gegensatz zu einem konventionelle 32-Speichen Laufradsatz mit leichter Tropfenfelge bei bereits optimierter Sitzposition immerhin 22 Watt Leistungsersparnis.

Sinknecht (2005) kommt bei seinen Untersuchungen (ebenfalls bei 45 km/h) auf ähnliche Trends. Seine Werte der Leistungsersparnis gegenüber eines konventionellen Rennrades mit 32-Speichen-Laufrädern:

- Zeitfahrrahmen: 23 Watt

- Aerolaufräder: 38 Watt

- Aerohelm: 6 Watt

---

21 Kühnen 2008, S.28

Ein weiterer interessanter Gesichtspunkt ist die aerodynamische Betrachtung von *Flaschenhaltern und Trinksystemen*. Deren Bedeutung wird meist erheblich überschätzt. Nach aerodynamischen Untersuchungen im Windkanal[22] wurden folgende Werte für den Leistungsmehrbedarf gegenüber eines Rads ohne Flaschenhalter bei 40 km/h (205 Watt) ermittelt:

Trinksystem	Leistungsmehrbedarf
Trinkflasche am Unterrohr	+ 1,5 Watt
Trinkflasche am Sitzrohr	+ 3,8 Watt
Trinkflasche an Sitz- und Unterrohr	+ 4,1 Watt
Jet-Stream Trinksystem am Aerolenker	+ 2,5 Watt
Trinkflaschen hinter dem Sattel	+ 2,5 Watt

Abb.: Leistungsmehrbedarf unterschiedlicher Trinksysteme bei 40 km/h (vgl. Sienknecht 2008, S.66)

Die Werte der einzelnen Trinksystem-Varianten unterscheiden sich nur unwesentlich voneinander. Je nach Rahmenbedingungen (Sitzposition, Seitenwind, Rahmenform,....) können die Werte auch leicht abweichend ausfallen, so dass man keine generelle aerodynamische Überlegenheit einem System zuschreiben kann.

5.2.4 Beschleunigungswiderstand

Mit den heute weit verbreiteten Fahrradteilen aus leichtem Aluminium, Magnesium, Scandium und vor allem natürlich Carbon, lassen sich phantastisch leichte Rennboliden zusammenbauen. Das Gewichtslimit der UCI von 6,8 Kilogramm stellt schon lange keine ernsthafte Hürde mehr dar. Selbst mit Serienteilen lassen sich mittlerweile problemlos Rennräder

---

22 Sienknecht 2008, S. 61ff

von unter 6 Kilogramm zusammenbauen. Die Absichten, die hinter den strikten Diät-Maßnahmen stecken, sind folgende:

1. schnellere Beschleunigung

2. reduzierter Rollwiderstand

3. Energieeinsparung beim Berganfahren

Der Effekt einer Gewichtsreduktion auf den Rollwiderstand ist sicherlich relativ gering, die Auswirkungen auf die Beschleunigung und die Energieeinsparung beim Berganfahren wollen wir ein wenig genauer betrachten.

Wenn ein Radfahrer sich und sein Fahrrad beschleunigt, so kann man diese Beschleunigung in zwei Komponenten zerlegen. Einerseits muss das Gesamtsystem nach vorne bewegt werden (translatorische *Beschleunigung*), zum anderen müssen die beweglichen drehenden Teile des Fahrrades (vor allem Laufräder und Kurbel mit Pedalen) in eine Rotation (*rotatorische Beschleunigung*) versetzt werden. Dazu muss der Fahrer eine Kraft aufwenden. Hat er sich und sein Fahrrad eine bestimmte Zeit beschleunigt, dann hat er am Ende eine gewisse Geschwindigkeit und damit auch eine Bewegungsenergie (kinetische Energie). Die setzt sich in unserem Fall aus zwei Komponenten zusammen:

1. der *kinetisch translatorischen Energie* aus der Beschleunigung nach vorne

$$E_{kin} = \tfrac{1}{2}\, m\, V^2$$

m = Masse des Gesamtsystems [kg]
V = Geschwindigkeit [m/s]

2. der *kinetisch rotatorischen Energie* aus der Beschleunigung der drehenden Teile

$$E_{rot} = \tfrac{1}{2}\, m\, r^2\, \omega^2$$

m = Masse des Gesamtsystems [kg]
r = Radius [m]
ω = Winkelgeschwindigkeit [m/s]

Bei dieser Betrachtung gehen wir von der vereinfachten Annahme aus, dass die komplette Masse des rotierenden Teiles an seinem Umfang verteilt ist. Unter realen Bedingungen ist die kinetische rotatorische Energie daher etwas niedriger.

Der Gesamtaufwand an Energie, der für die Beschleunigen notwendig ist, setzt sich also aus zwei Komponenten zusammen: einer translatorischen und einer rotatorischen. Das bedeutet, dass das Laufrad gleich zwei Mal am Energieaufwand beteiligt ist. Schließlich muss es einerseits, ebenso wie das komplette Fahrrad mit Fahrer, vorwärts bewegt und andererseits aber auch in eine Rotation versetzt werden. Bei der Beschleunigung wirkt damit das Gewicht eines Laufrades doppelt. Gleiches gilt natürlich auch für alle anderen rotierenden Teile am Fahrrad, also beispielsweise der Kurbel oder Kassette.

Was bedeutet das konkret? Nehmen wir ein Beispiel mit folgenden Daten:

- Fahrergewicht: 70kg
- Fahrradgewicht: 10kg
- Laufradgewicht: 2,5 kg (inklusive Reifen)
- Beschleunigung von 0 auf 36 km/h (10 m/s)

Aus diesen Daten ergeben sich für den kinetischen und translatorischen Energieaufwand für den Fahrradfahrer folgende Werte:

$$E_{kin} = \tfrac{1}{2} m \, V^2 = \tfrac{1}{2}\,(70kg+10kg) \cdot (10m/s)^2 = 4000 \text{ Joule}$$

$$E_{rot} = \tfrac{1}{2} m r^2 \omega^2 = \tfrac{1}{2}\,(2,5kg) \cdot (0,335m)^2 \cdot (30 \text{ l/s})^2 = 126 \text{ Joule}$$

Der *Gesamtenergiebedarf* für den Fahrer setzt sich aus beiden Werten zusammen und beträgt damit *4126 Joule* (E_{kin} + E_{rot}), der Anteil der Laufräder ist in diesem Fall 3,1 Prozent.

Um den Einfluss des Gewichtstunings an den Laufrädern abschätzen zu können, führen wir dieselbe Rechnung mit gewichtsreduzierten Laufrädern nochmals durch. Nehmen wir an, dass der Fahrer Laufradsatz benutzt der 500g leichter ist. Das Gesamtgewicht ist damit natürlich auch um 500g reduziert:

$$E_{kin} = \tfrac{1}{2} m \, V^2 = \tfrac{1}{2}\,(70kg+9,5kg) \cdot (10m/s)^2 = 3975 \text{ Joule}$$

$$E_{rot} = \tfrac{1}{2} m r^2 \omega^2 = \tfrac{1}{2}\,(2,0kg) \times (0,335m)^2 \cdot (30 \text{ l/s})^2 = 101 \text{ Joule}$$

Der *gesamte Energiebedarf* sinkt damit um exakt 50 Joule und beträgt noch *4076 Joule* (E_{kin} + E_{rot}), der Anteil der Laufräder ist in diesem Fall auf 2,5 Prozent gesunken.

Auch Testergebnisse von Kühnen[23] bestätigen dies: er ermittelt bei Tests mit „Alltagslaufrädern" (niedriges Felgenprofil) und aerodynamischen Hochprofil-Laufrädern ähnliche Werte. Bei einer Beschleunigung von 0 auf 30 km/h ergeben sich in der Praxis zwischen 112 und 153 Joule. Diese Differenzen sind nicht gerade groß. Dabei liegt der Gewichtsunterschied der getesteten Laufräder immerhin bei beachtlichen 800g (2200g zu 1400g)!

Was uns aber in diesem Zusammenhang vor allem interessiert: Wie hoch ist damit der Mehrbedarf an Leistung die der Fahrer aufbringen muss? Leistung ist die verrichtete Arbeit pro Zeiteinheit, in unserem Fall also die aufgebrachte Energie während der Beschleunigung. Gehen wir davon aus, dass eine zügige Beschleunigung von 0 auf 36 km/h etwa 4 Sekunden beträgt, so läßt sich der jeweilige Leistungsbedarf in den beiden Fällen errechnen:

$$P_1 = E_1/t = 4126\ \text{Joule} / 4s = 1031{,}5\ \text{J/s} = 1031{,}5\ \text{Watt}$$

$$P_2 = E_2/t = 4076\ \text{Joule} / 4s = 1019{,}0\ \text{J/s} = 1019{,}0\ \text{Watt}$$

Das bedeutet gerade einmal 12,5 Watt weniger Aufwand mit den leichteren Laufräder. Das sind lediglich 1,21 Prozent. Zwar läßt sich an rotierenden Teilen, wie wir festgestellt haben, eine doppelte Energieeinsparung erzielen, die Bedeutung des Gewichts wird aber meist deutlich überschätzt! Zumal bei dieser Betrachtung der aerodynamische Effekt von

---

23 Kühnen 06/2008, S.32ff; 07/2008, S.32ff.

Laufrädern völlig außer acht gelassen wurde. Vor allem bei Beschleun-
igungsleistungen die sich im höheren Geschwindigkeitsbereich abspielen
(z.B. Antritt nach einer Kurve von 30 auf 45km/h) kommt die Aerodynamik wieder deutlich zum tragen. Das bedeutet, dass man für die
Beschleunigung mit einem leichten Laufrad (im Gegensatz zu einem
schwereren aber aerodynamischeren) zwar weniger Leistung aufwenden
muss, im Gegenzug der Leistungsbedarf durch den erhöhten Luftwiderstand aber größer wird. Welcher Effekt im jeweiligen Fall überwiegt ist
nur schwer zu ermitteln.

5.2.5   Steigungswiderstand

Beim beschleunigungsfreien Fahren am Berg spielt die Rotationsenergie
keine Rolle! Wenn ein Fahrradfahrer einen Berg in gleichmäßigem
Tempo erklimmt, so bewegt er lediglich die Gesamtmasse aus Fahrrad
und Fahrer nach oben. Dazu muss er die *Hangabtriebskraft* überwinden.
Sie ist allein von der Steigung und der Gewichtskraft des Systems
abhängig.

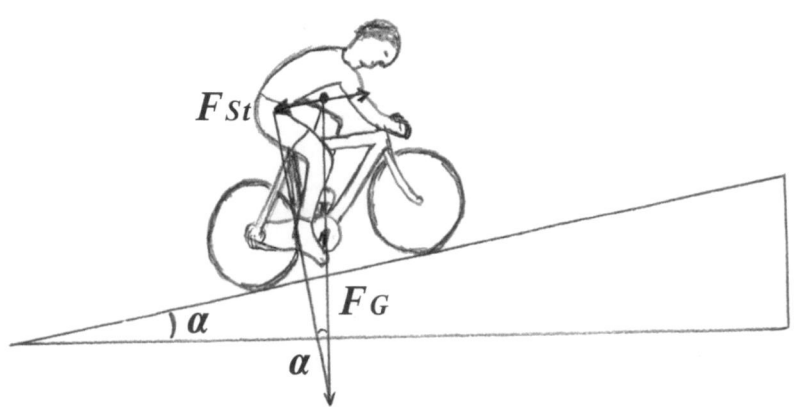

*Abb.: Hangabtriebskraft als Teil der Gewichtskraft (vgl. Gressmann
1995, S.35)*

$$F_{St} = F_G \cdot \sin \alpha$$

F_{St} = Hangabtriebskraft [N]
F_G = Gewichtskraft [N]

Uns interessiert natürlich weniger die Kraft, die den Fahrer die Fahrt erschwert, wir wollen die **Steigungsleistung** errechnen, die er für seine Bergfahrt benötigt. Sie ist von der Fahrgeschwindigkeit abhängig:

$$P_{St} = F_{St} \cdot V$$

P_{st} = Steigungsleistung [Watt]
F_{St} = Hangabtriebskraft [N]
V = Geschwindigkeit [m/s]

Eine weitere Möglichkeit, die erforderliche Leistung beim Beranfahren zu bestimmen, resultiert aus der Berechnung der **Hubarbeit** und der Zeit, die für die Bewältigung der Höhenmeter benötigt wird. Die Arbeit, die dabei verrichtet werden muss, ist von der Länge der Strecke unabhängig, entscheidend ist nur die Höhe, die überwunden wird. Die erforderliche Hubarbeit ist:

$$W = m \cdot g \cdot h$$

W = Hubarbeit [Joule]
m = Masse des Gesamtsystems [kg]
g = Erdbeschleunigung = 9,81 m/s^2
h = zu überwindende Höhe [m]

Und da die erforderliche Leistung die Arbeit pro Zeiteinheit darstellt, beträgt die *Steigungsleistung*, die zur Überwindung der Höhenmeter notwendig ist:

$$P = (m \cdot g \cdot h) / t$$

Über diese Formel läßt sich leicht die durchschnittliche Dauerleistung eines Radfahrers bestimmen. Dazu fährt man eine Strecke mit bekanntem Höhenunterschied und stoppt die dafür benötigte Zeit. Mit dem Gewicht von Fahrer und Fahrrad läßt sich die Leistung nach der obigen Formel berechnen. Um den Fahrtwiderstand bei der Berechnung auszuschließen, sollte die Fahrgeschwindigkeit natürlich möglichst gering sein und der Anstieg dementsprechend steil!

Stellt man die Formel nach der Zeit um, so kann man bei bekannter Steigungsleistung und Höhenunterschied der Strecke den Effekt einer Gewichtsreduktion auf den Zeitbedarf bestimmen.

$$t = ((m_1 - m_2) \cdot g \cdot h) / P$$

Nehmen wir für eine konkrete Berechnung unser vorheriges Beispiel mit folgenden zusätzlichen Daten:

- Höhenunterschied: 1000m
- durchschnittliche Leistung des Fahrers: 250 Watt
- Gewichtsreduktion um 0,5kg durch leichtere Laufräder

$$t = (0,5 \text{ kg} \cdot 9,81 \text{ m/s}^2 \cdot 1000\text{m}) / 250 \text{ Watt} = 19 \text{ s}$$

Als Zeitersparnis aufgrund der Gewichtseinsparung von 0,5 Kilogramm ergibt sich bei 1000 Höhenmetern also gerade einmal 19 Sekunden ($t = (80 \text{ kg} \cdot 9,81 \text{ m/s}^2 \cdot 1000\text{m}) / 250 \text{ Watt}$). Und das bei einer Gesamtfahrzeit von über 52 Minuten. Und dabei ist es unerheblich ob das Gewicht an Laufrädern, Lenker, Rahmen oder Athlet eingespart wird. Manch einer sollte sich vor diesem Hintergrund vielleicht überlegen ob er den sündhaft teuren superleichten Vollcarbonsattel wirklich benötigt, oder ob an seiner Körpermitte vielleicht doch etwas mehr Gewichtseinsparung möglich wäre.

Bei unserer Betrachtung ist es außerdem unerheblich, ob die 1000 Höhenmeter mit einer 10 prozentigen Steigung innerhalb von 10 Kilometern erklommen werden, oder die Streckenlänge die 180 Kilometer eines Ironman betragen. Wir berechnen lediglich die Leistung für die Überwindung des Höhenunterschiedes. Im zweiten Fall ist aufgrund der höheren Fahrgeschwindigkeit natürlich der Einfluss von Rollwiderstand und vor allem der Aerodynamik ungleich größer! Bei einer 10 prozentigen Steigung und der daraus resultierenden niedrigen Geschwindigkeit kann der Luftwiderstand dagegen vernachlässigt werden.

In nachfolgender Tabelle sind die Einsparpotenziale für 1000 Höhenmeter bei unterschiedlichem Leistungsvermögen und unterschiedlicher

Gewichtsreduktion aufgetragen. Sie vermitteln einen guten Eindruck über den Zusammenhang von Leistungsvermögen und Einfluss des Systemgewichts aus Fahrer und Fahrrad.

	180 Watt	200 Watt	220 Watt	240 Watt	260 Watt	280 Watt	300 Watt	320 Watt	340 Watt	360 Watt
0,5 kg	0:27	0:24	0:22	0:20	0:19	0:18	0:16	0:15	0:14	0:13
1,0 kg	0:54	0:49	0.44	0:41	0:38	0:35	0:33	0:31	0:29	0:27
1,5 kg	1:21	1:13	1:06	1:01	0:56	0:52	0:49	0:46	0:43	0:40
2,0 kg	1:49	1:38	1:29	1:22	1:16	1:11	1:05	1:01	0:58	0:55
2,5 kg	2:16	2:02	1:51	1:42	1:34	1:27	1:21	1:17	1:12	1:08
3,0 kg	2:43	2:27	2:13	2:03	1:52	1:45	1:38	1:32	1:26	1:22
3,5 kg	3:10	2:51	2:36	2:23	2:12	2:03	1:54	1:47	1:41	1:35
4,0 kg	3:38	3:16	2:58	2:44	2:32	2:22	2:10	2:02	1:55	1:49
4,5 kg	4:05	3:40	3:20	3:04	2:49	2:37	2:27	2:18	2:09	2:03
5,0 kg	4:32	4:05	3:42	3:24	3:08	2:55	2:43	2:33	2:24	2:16

Tab.: Zeiteinsparungen (min) bei unterschiedlichem Leistungsvermögen/Gewichtsreduktion bei 1000 Höhenmetern

5.2.6 Reibungswiderstand

Wo entsteht am Fahrrad Reibung? Vor allem natürlich in allen Lagern sowie an der Kette. Mittlerweile kann man auch in diesem Bereich für teure und exklusive Teile eine Menge Geld los werden. Die Hersteller versprechen teilweise enorme Leistungsvorteile. Doch machen beispielsweise Keramiklager oder mit Teflon beschichtete Ketten überhaupt Sinn? Sind sie ihre Mehrkosten wert? Wie groß ist generell der Leistungsverlust, der durch Reibung verursacht wird? Reicht nicht bereits eine regelmäßige Pflege und Wartung der Lager aus? Wir wollen uns die angesprochenen Bereiche mal genauer anschauen.

Lagerungen des Rades

Die Summe aller Reibungsverluste in den Lagern ist so gering, dass deren Widerstände etwa 0,5 Prozent des Gesamtwiderstandes ausmacht[24]. Damit spielt die Lagerqualität für die Reduzierung von Widerständen eine eher untergeordnete Rolle. Auch moderne Keramiklager bewirken nur unmerkliche Veränderungen und belasten in der Hauptsache den Geldbeutel. Viel wichtiger ist die regelmäßige Wartung und das Putzen der Lager. So ist deren Leichtgängigkeit gewährleistet!

Wenn sich überhaupt ein kleiner Vorteil erreichen läßt, dann lediglich beim Tuning des *Schaltwerks*. Durch Tausch des meist gleitgelagerten unteren kleinen Schaltröllchens mit 10 Zähnen gegen ein kugelgelagertes mit 15 Zähnen kann man bei 30 km/h knapp 1 Watt Leistung einsparen[25]. Zusätzlicher positiver Effekt: die Kette läuft über einen größeren Radius, was auch hier natürlich mit weniger Reibungsverlusten verbunden ist. Wobei wir beim wichtigeren Bauteil für die Reibungswiderstände wären, der Fahrradkette.

Die Fahrradkette

Die Kette hat im optimalen Zustand einen Wirkungsgrad von 98-99 Prozent[26], das bedeutet, dass 1-2 Prozent der Leistung des Fahrers verloren gehen. Durch unterschiedliche Faktoren verschlechtert sich der Wirkungsgrad aber erheblich, so dass er sich dann durchaus auch nur noch bei 95-96 Prozent bewegen kann. Das bedeutet bei einer Leistung von 200 Watt, dass schnell einmal bis zu 5 Watt verschenkt sind!

---

24 Kühnen 05/2008, S.84

25 Kühnen 05/2008, S.84

26 Smolik/Etzel 2002, S.349

Folgende Einflüsse führen zu Leistungsverlusten an der Kette[27]:

- *Verschleiß*, Kette also regelmäßig putzen, schmieren und gegebenenfalls austauschen.
- *Schräglauf*, er sollte möglichst vermieden werden.
- *Kettenspannung*, mit zunehmender Kettenspannung verbessert sich der Wirkungsgrad, das bedeutet, dass sich eine höhere Leistung ebenso positiv auswirkt wie eine niedrige Trittfrequenz.
- *Übersetzung*, je mehr Zähne bei der Kettenbewegung beteiligt sind, desto besser ist deren Wirkungsgrad. Das spricht dafür, dass man rechtzeitig vorne aufs große Blatt schaltet.

Im optimalen Zustand hat eine Kette bereits einen sehr guten Wirkungsgrad, der sich auch mit Teflon- oder Keramikbeschichtungen kaum steigern läßt. Wesentlich sinnvoller und effektiver ist hier die regelmäßige Pflege und Wartung sowie die Übersetzungswahl, so dass einerseits möglichst viele Zähne im Eingriff sind und andererseits ein Schräglauf der Kette vermieden wird..

---

27 Kühnen 05/2008, S.86

6 Zusammenfassung Materialoptimierung

Die Optimierung von Sitzposition und Material ist in erster Linie vom Einsatzzweck abhängig. Wir wollen eine konkreten Betrachtung anstellen und gehen dabei von zwei Extremen aus:

1. Zeitfahren auf einer flachen Strecke

2. Berganfahren an einem steilen Berg von 10 Prozent

Die Leistungsfähigkeit unseres Musterfahrers beträgt 230-240 Watt, durchaus Werte, die von durchschnittlich trainierten Fahrern auch über eine längere Distanz erreichbar sind. Das Gesamtgewicht beträgt einmal 80kg, das andere Mal 76kg. So kommt unser Fahrer auf der flachen Strecke etwa auf eine Geschwindigkeit von 36 km/h, am Berg bei 8 Prozent Steigung sind es etwa 12 km/h. Bei der Aerodynamik gehen wir von einer mäßig optimierten Haltung/Material aus.

		Flache Strecke		Berg mit 8%	
		80 kg	76 kg	80 kg	76 kg
Rollwiderstands-leistung	$P_{Roll} = F_{Roll} \cdot V$ $= k_R \cdot F_G \cdot V$ $(k_R = 0{,}005)$	40 W	38 W	13 W	12 W
Luftwiderstands-leistung	$P_L = F_L \cdot V$	190 W	190 W	7 W	7 W
Steigungs-leistung	$P_{St} = F_{St} \cdot V$ $= F_G \cdot \sin \alpha \cdot V$	-	-	213 W	202 W
Reibungsleistung	$P_{Reib} \approx 0{,}02 \cdot P_{ges}$	5 W	5 W	5 W	5 W
Gesamtleistung	$P_{ges} = P_{Roll} + P_L +$ $P_{St} + P_{Reib}$	**235 W**	**233 W**	**238 W**	**226 W**

Tab.: Leistungsbedarf bei unterschiedlichen Fahrbedingungen

Welche Schlüsse lassen sich aus der Betrachtung ziehen?

Zunächst einmal wird deutlich, dass die **Reibungsleistung** unabhängig vom Streckenprofil ist und sich regelmäßige Wartung und Pflege, vor allem der Fahrradkette, auf jeden Fall auszahlt.

Die **Rollwiderstandsleistung** hat auf flacher Strecke einen wesentlich größeren Einfluss auf den erforderlichen Leistungsbedarf, durch Gewichtstuning läßt sie sich allerdings nur begrenzt verringern. Hier sollte man auf jeden Fall auf den Luftdruck des Reifens, dessen Gummimischung und die Auswahl des Schlauches ein größeres Augenmerk legen als bei der Bergfahrt.

Den dominierenden Faktor auf flacher Strecke stellt die **Luftwiderstandsleistung** dar. Gewichtstuning macht hier wenig Sinn, für das Zeitfahren sollte man in erster Linie an einer optimierten Aerodynamik arbeiten.

Beim Berganfahren hingegen spielt die Aerodynamik aufgrund der geringen Geschwindigkeit so gut wie keine Rolle, hier ist der wesentliche Einflussfaktor in der **Steigungsleistung** zu suchen, so dass vor allem Gewicht an Mensch und Material eingespart werden sollte.

	Flache Strecke	Berg mit 8%
Rollwiderstandsleistung	+	o
Luftwiderstandsleistung	+ +	- -
Steigungsleistung	- -	+ +
Reibungsleistung	o	o

Tab.: Einflussfaktoren auf die Leistung bei unterschiedlichen Streckenprofilen

Teil 3

Testmethoden

7 Testmethoden

Neben grauer Theorie gibt es natürlich auch die Möglichkeit den Leistungsaufwand in praktischen Tests zu ermitteln. Dadurch erhält man konkrete Werte, die sich dann auch auf die Praxis übertragen lassen.

Profis führen für die aerodynamische Optimierung Windkanalversuche durch oder gehen auf eine Radrennbahn und messen den Leistungsbedarf unter unterschiedlichen Fahrbedingungen.

Für den Breitensportler bieten sich im Normalfall diese Optionen nicht. Trotzdem gibt es einfache Möglichkeiten die Aerodynamik und den Rollwiderstand unter unterschiedlichen Fahrbedingungen auszutesten und zu optimieren.

7.1 Testdurchführung mit dem Leistungsmessgerät

Wer ein Leistungsmessgerät sein eigen nennt, kann damit sehr aussagekräftige praktische Tests durchführen, die sich nicht wesentlich von professionellen Testanordnungen unterscheiden. Leistungsmessgeräte zeigen immer genau die Leistung an, die momentan für die Fahrt aufgebracht werden muss. Somit können sie quasi als mobiles Testlabor für Material und Sitzposition auf der Strasse genutzt werden. Auch Profis machen von dieser Möglichkeit gebrauch. Einerseits wegen der enormen Kosten, die Aerodynamiktests im Windkanal verursachen, andererseits aber auch deshalb, weil die Tests auf der Strasse die realen Bedingungen besser wiederspiegeln.

Und wie funktioniert dieses „mobile Testlabor"?

Ganz einfach: Der Fahrradfahrer führt mehrere Testfahrten auf einer vorgegebenen Strecke durch und ändert von Fahrt zu Fahrt Sitzposition oder Material. Dabei protokolliert er die Auswirkungen auf Leistung und Geschwindigkeit.

Wichtig ist dabei natürlich, dass bei den Testläufen immer nur ein

Parameter verändert wird. Ansonsten wird es schwierig die Ergebnisse miteinander zu vergleichen. In diesem Zusammenhang sei auch darauf hingewiesen, dass die Aussenbedingungen, wie Luftdruck, -feuchtigkeit und –temperatur sowie vor allem Wind einen teilweise erheblichen Einfluss auf die Testergebnisse haben können. Sie sollten bei der Testauswertung berücksichtigt werden. Windstille Tage sind für die Testläufe natürlich ideal!

Gewöhnlich setzt man zwei unterschiedliche Methoden ein:

1. Konstante Leistung / konstante Geschwindigkeit

2. Regressionsmethode

7.1.1 Konstante Leistung / Geschwindigkeit

Die einfachste Testmethode besteht darin, dass eine definierte Strecke in fliegendem Start in beide Richtungen mit konstanter Geschwindigkeit durchfahren wird. Die Strecke sollte flach und mindestens 500 Meter lang sein, der Wind möglichst schwach. Ideal ist natürlich eine Radrennbahn, optimal eine Halle.

Von Testdurchlauf zu Testdurchlauf ändert man einen Parameter der Sitzposition oder dem Material. Anschließend kann man die benötigte Leistung für die unterschiedlichen Testläufe direkt miteinander vergleichen.

Genauso funktioniert natürlich die umgekehrte Vorgehensweise: eine definierte Strecke wird mit konstanter Leistung durchfahren. Anschließend vergleicht man die gefahrenen Geschwindigkeiten miteinander.

7.1.2 Regressionsmethode

Die Analyse mittels einer Regressionskurve ist etwas komplizierter, der Ablauf folgender: Zunächst absolviert der Athlet auf einer flachen, etwa

500 Meter bis einen Kilometer langen Strecke mehrere Testfahrten bei unterschiedlicher Geschwindigkeit. Zum Beispiel bei 25, 30, 35, 40..... km/h. Die benötigte Leistung wird für jeden Testdurchlauf ermittelt.

Anschließend werden die Werte in Form einer Regressionskurve in ein Diagramm (X-Achse: Geschwindigkeit [m/s]; y-Achse: Leistung [Watt]) übertragen. Aus dem Diagramm kann man jetzt die Abhängigkeit von Leistung und Geschwindigkeit ablesen.

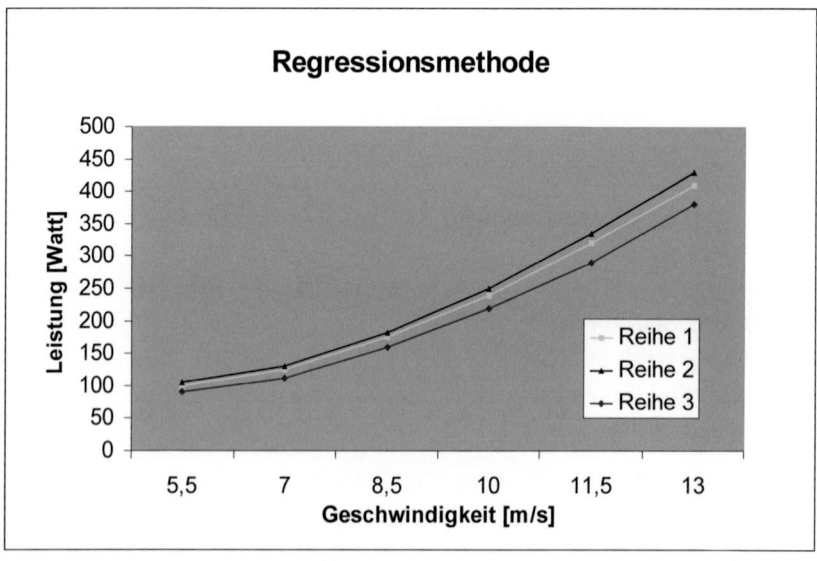

Abb.: Datenanalyse mit der Regressionsmethode

Wozu der Aufwand? Was ist der Vorteil der aufwändigeren Regressions-methode?

Erstens berücksichtigt die Regressionsmethode durch die unterschied-lichen Geschwindigkeiten neben dem Luftwiderstand auch den zunehm-enden Rollwiderstand. Bei Reifentests kann das ein wichtiges Kriterium darstellen, bei der Bestimmung der Sitzposition spielt es eher eine unter-geordnete Rolle. Zweitens erhält man mehr Datenmaterial durch die größere Anzahl an Testläufen unter verschiedenen Bedingungen. Die ermittelten Werte werden dadurch etwas genauer.

Aber egal ob die Tests mit konstanter Leistung/Geschwindigkeit gefahren werden, oder die Werte mit Hilfe der Regressionsmethode ermittelt werden, die Genauigkeit und Reproduzierbarkeit ist mit einer Abweichung von etwa 2 Prozent[28] doch sehr gut. Die Werte können damit durchaus mit im Windkanal ermittelten Laborergebnissen konkurrieren.

Betrachtet man zusätzlich zur aufgebrachten Leistung noch die Herzfrequenz, so kann man für unterschiedliche Sitzpositionen auch einen Hinweis auf deren Ergonomie erhalten. Spart man beispielsweise von einem Testdurchlauf zum nächsten 10 Watt ein und geht parallel dazu die Herzfrequenz bei der Belastung um 10 Schläge nach oben, so kann man sich durchaus Gedanken machen ob es Sinn macht, die aerodynamische Verbesserung mit der Verschlechterung der Fahrergonomie zu erkaufen.

7.2 Die Ausrollmethode

Bei der Ausrollmethode handelt es sich um eine sehr einfache Testmethode. Die Simulation der realen Fahrbedingungen ist dabei nahezu perfekt, die Genauigkeit und Reproduzierbarkeit der Methode jedoch eingeschränkt. Voraussetzung sind gleichbleibende Rahmebedingungen bei den unterschiedlichen Testdurchläufen, vor allem der Windeinfluss sollte möglichst gering sein.

Der Fahrer läßt sich mit seinem Fahrrad ein Gefälle herabrollen und registriert die dabei erreichte Geschwindigkeit. Anschließend ändert er von Fahrt zu Fahrt Sitzposition oder Material. Dabei sieht er die Auswirkungen, die dies auf seine erreichte Geschwindigkeit hervorruft. Wichtig für die Durchführung der Ausrollmethode ist natürlich, dass bei den Testläufen immer nur ein Parameter verändert wird.

---

28 Allen 2006, S. 195

Teil 4

Taktik

8 Taktik

Im vierten Teil geht es um die Taktik für Triathleten und Zeitfahrer. Es gilt einige Fragen zu beantworten:

Welche Wettkampfgestaltung verspricht das beste Endergebnis?

Wie kann ich meine Kräfte am ökonomischsten einsetzen?

Wie komme ich am effektivsten über die Berge?

....

.....

Was in diesem Kapitel also die wesentliche Frage darstellt, ist die nach einer ökonomischen Renneinteilung. Es geht um Tempogestaltung, eine effektive Trittfrequenz und wir werden auch den Einfluss von ovoiden Kettenblättern auf die Ökonomie im Trittzyklus diskutieren.

8.1 Tempogestaltung in Triathlon und Zeitfahren

„Die Stunde der Wahrheit", so wird das Zeitfahren oft genannt. Nicht ohne Grund: Keine andere Radsportdisziplin offenbart Schwächen des Fahrers so schonungslos und offensichtlich!

Worauf kommt es beim Zeitfahren im wesentlichen an? Der Athlet sollte seine maximal mögliche Kraft gleichmäßig über die gesamte Dauer des Rennens aufrecht erhalten. Eine gleichmäßige Leistungsentfaltung bringt deutliche Vorteile hinsichtlich einer effizienten Energiebereitstellung und sollte gegenüber einer Renngestaltung mit ausgeprägten Belastungs-spitzen favorisiert werden.

Je nach Länge des Zeitfahrens spielt sich die Energiebereitstellung meist im Bereich der individuellen anaeroben Schwelle ab. Sie stellt den Intens-itätsbereich dar, an dem gerade noch keine verstärkte Laktatanhäufung in der Muskulatur stattfindet. Laktat ist ein Salz der Milchsäure und zwingt den Körper bei ansteigender Konzentration zu einer Leistungsreduktion.

Bei kurzen Zeitfahren liegt die Intensität teilweise auch über der individuellen anaeroben Schwelle, da die langsam ansteigende Laktatkonzentration eine kurze Zeit toleriert wird. Bei Ironman-Rennen mit der langen Wettkampfdauer ist ein anderer Faktor entscheidend: hier stellt der Energieverbrauch und dabei der Anteil des Kohlenhydratstoffwechsels den hauptsächlichen Leistungsbegrenzer dar.

In der nachfolgenden Grafik ist ein Ausschnitt eines Zeitfahrens auf welligem Terrain abgebildet. Dargestellt ist die Leistung des Fahrers. Man kann gut erkennen, dass der Athlet um eine gleichmäßige Renngestaltung bemüht war. Das ist im im großen und ganzen auch sehr gut gelungen. Bedingt durch topographischen Gegebenheiten und Kurven im Streckenverlauf treten aber immer auch gewisse Leistungsschwankungen auf. Das läßt sich kaum vermeiden.

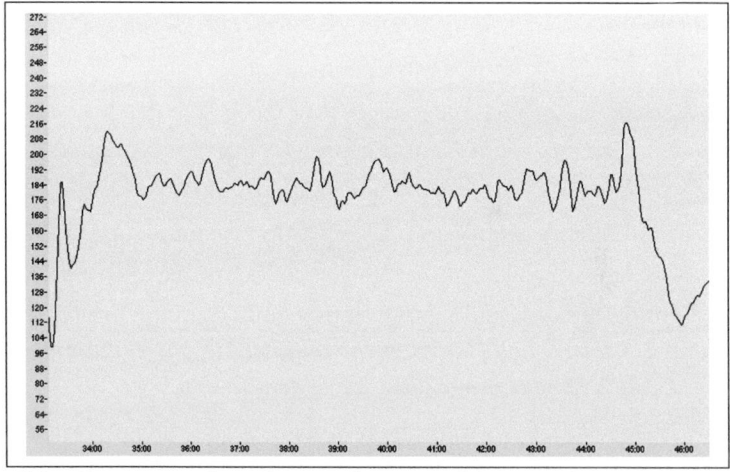

Abb.: Leistungsschwankungen beim Zeitfahren (Schurr 2006)

Konstante Leistung

Für ein optimales Zeitfahrergebnis ist eine konstante Leistungsabgabe über das gesamte Rennen ein wichtiger Faktor. Hierbei ist es natürlich hilfreich, wenn der Fahrer bereits zu Beginn einschätzen kann, mit welcher Leistung er das Zeitfahren am besten angehen sollte. So verfügt er auch im zweiten Teil des Rennens noch über genügend Kraftreserven. Also sollte er keinesfalls zu schnell losfahren. Ansonsten geht ihm irgendwann die Kraft aus und er verliert auf dem zweiten Streckenabschnitt noch sehr viel Zeit. Aber auch nicht zu langsam: Die „Bummelei" zu Beginn kann gegen Ende nicht mehr aufgeholt werden! Hat der Athlet am Ende noch viel überschüssige Kraft für einen „Endspurt", dann war die Renneinteilung auch nicht optimal.

Wie sollte der Fahrer das Rennen also konkret angehen?

Das ist natürlich in erster Linie von der Streckenlänge abhängig. Die nachfolgende Tabelle gibt Richtwerte für eine optimale Renneinteilung bei unterschiedlichen Streckenlängen. Als Referenzwert dient dabei die Leistung, beziehungsweise der Puls, an der individuellen anaeroben Laktatschwelle.

Streckenlänge [km]	Leistung (% IANS)	Puls (% IANS)
10	100 - 105	102 - 105
20	98 - 102	100 - 102
40	95 - 100	95 - 100
90	80 - 86	85 - 90
180	70 - 80	75 - 85

Tab.: Leistungs- und Herzfrequenzvorgaben für das Zeitfahren
(nach Hunter Allen 2006, leicht modifiziert)

Bei „klassischen" Zeitfahren, die normalerweise maximal bis knapp über eine Stunde andauern und im Triathlon bis zur Olympischen Distanz ist der begrenzende Faktor hauptsächlich die Leistungsfähigkeit an der individuellen anaeroben Schwelle.

Im Triathlon auf der Langdistanz ist vor allem der Kohlenhydratverbrauch der begrenzende Leistungsfaktor. Werden die Speicher im frühen Verlauf des Rennens zu stark verbraucht, dann gehen die Energiereserven später zur Neige. Der resultierende Leistungseinbruch gegen Ende der Radstrecke kann dramatische Formen annehmen. Und der anschließend zu absolvierende Marathonlauf wird dann auch kaum mehr zum Vergnügen werden! Also ruhig zu Beginn der Radstrecke die Energiereserven etwas schonen.

Die Mitteldistanz im Triathlon nimmt eine Zwischenstellung ein: einerseits ist die Höhe der individuellen anaeroben Schwelle ein begrenzender Faktor für eine hohe generelle Leistungsfähigkeit, andererseits sollten aber auch hier die Energievorräte ökonomisch genutzt werden. Vor allem auch im Hinblick auf den abschließenden Halbmarathon, der ja noch in einer verhältnismäßig hohen Intensität gelaufen wird und dementsprechend viel Energie über den Kohlenhydratstoffwechsel zur Verfügung gestellt werden sollte.

Nachfolgend werden wir die beiden hauptsächlichen Leistungsbegrenzer näher betrachten. Also einerseits für die kürzeren Distanzen die Höhe der individuellen anaeroben Schwelle (IANS) und andererseits den möglichst ökonomischen Energieverbrauch für die Langdistanz im Triathlon.

8.1.1 Leistungsbegrenzer IANS

Wir führen die Betrachtung beispielhaft für die olympische Distanz im Triathlon durch. Und zwar für Rennen mit Windschattenverbot, bei Wettkämpfen, in den das Windschattenfahren erlaubt ist, gelten durch den Gegnereinfluss andere taktische Richtlinien. Für reine Zeitfahren im Radsport können die Aussagen entsprechend übernommen werden.

Das vorrangige Ziel des Athleten ist eine Übersäuerung in der Muskulatur zu verhindern. Sammelt sich nämlich Laktat an, so führt dies unweigerlich zu einem Leistungsverlust.

Wie kann man das am besten realisieren?

Geht der Fahrer das Rennen vom Start weg zu schnell an, also über seiner IANS, so bekommt er recht schnell ein Problem. Es passiert dann nämlich genau das was er eigentlich vermeiden will: Laktat häuft an. Die bessere

Alternative ist die langsame Annäherung von unten an die Schwelle. Das bedeutet, dass er sich zu Beginn des Rennens bewusst etwas zurück nimmt. Im nachfolgende Bild ist diese Taktik[29] dargestellt.

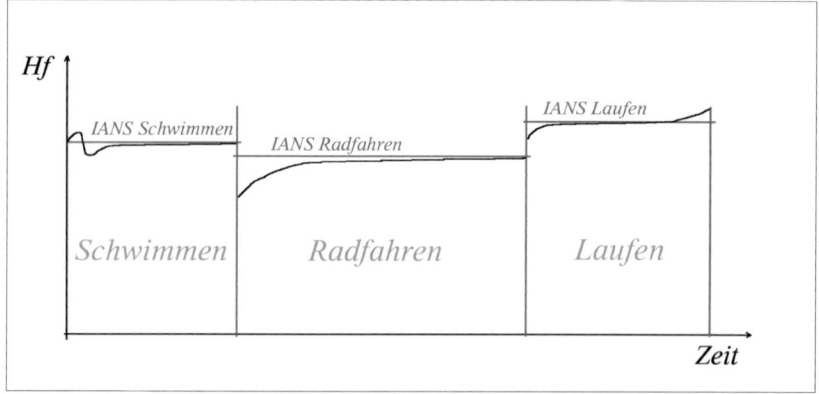

Abb.: Renntaktik für Triathlon Kurzdistanz, Windschattenverbot
(vgl. http://tv.triathlon-szene.de/index.lasso?Rubrik=Filme,
Renntaktik: Wie man am schnellsten ins Ziel kommt, 17.11.2008)

Dass sich der Athlet am Anfang der Schwimmstrecke über seiner individuellen anaeroben Schwelle befindet ist dadurch bedingt, dass durch ein schnelles Anschwimmen ein gute Position im Feld erreicht werden soll. Ansonsten kann es passieren, dass die ersten Schwimmer bereits enteilen und kein Wasserschatten mehr gefunden wird.

Am Ende der Laufstrecke kann im Endspurt natürlich auch eine Intensität über der individuellen anaeroben Schwelle auftreteten, die damit verbundene Laktatanhäufung wird dann in Kauf genommen. Sofern überhaupt noch Energie für den Endspurt vorhanden ist. Gleiches gilt natürlich für reine Zeitfahren im Radsport. Auch hier kann gegen Ende der Strecke eine Laktatanhäufung toleriert werden.

---

29 http://tv.triathlon-szene.de/index.lasso?Rubrik=Filme, Renntaktik: Wie man am schnellsten ins Ziel kommt

Schauen wir uns die Radstrecke etwas genauer an: am Anfang ist meist enorm viel Energie und Motivation vorhanden, so dass die Gefahr des „Überpacens" recht groß ist. Es ist also ratsam, sich zu Beginn bewusst etwas „zurückzunehmen" und seine Motivation zu zügeln. Im weiteren Verlauf des Rennens kann man dann sukzessive mehr Energie aufwenden. Die ansteigende Mobilisierung bringt ein gleichmäßiges Renntempo und eine ökonomische Einteilung der Kräfte! Wenn man das Gefühl hat, dass die zweite Rennhälfte etwas schneller ist als die erste, dann passt es meist ganz gut! Das Rennen kann man sich in vier Phasen einteilen, dargestellt in der nachfolgenden Abbildung. Die Pfeile symbolisieren die mentale Mobilisierung.

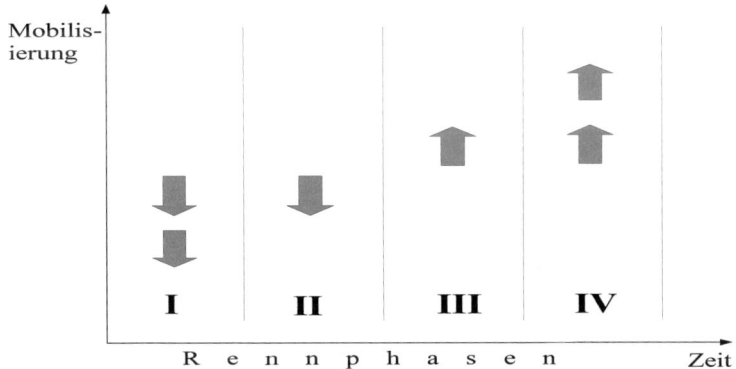

Abb.: mentale Mobilisierungsphasen im Zeitfahren
(vgl. http://tv.triathlon-szene.de/index.lasso?Rubrik=Filme,
Renntaktik: Wie man am schnellsten ins Ziel kommt, 17.11.2008)

Konkret bedeutet das, dass man sich im ersten Viertel des Rennens stark zurücknimmt und sich für den weiteren Verlauf etwas schont. Eigentlich versucht man erst im letzten Viertel seine Kräfte voll auszuschöpfen und seine maximale Leistung zu entfalten.

8.1.2   Leistungsbegrenzer Kohlenhydratverbrauch

Je länger ein Rennen andauert, desto mehr ist die Leistungsfähigkeit vom Kohlenhydratverbrauch abhängig. Zwar kann man während des Rennens ständig Nahrung zuführen, da der Energieverbrauch aber normalerweise deutlich höher ausfällt als die maximal mögliche Resorption, werden die Speicher im Laufe der Zeit unweigerlich zur Neige gehen. Vor diesem Hintergrund erscheint ein ökonomischer Umgang mit den Energie-reserven des Körpers durchaus sinnvoll.

Kohlenhydrat- versus Fettstoffwechsel

Um die Funktion von Kohlenhydrat- und Fettstoffwechsel zu verstehen, müssen wir uns zunächst deren Anteil an der Energiegewinnung in Ab-hängigkeit von der Belastungsintensität betrachten.

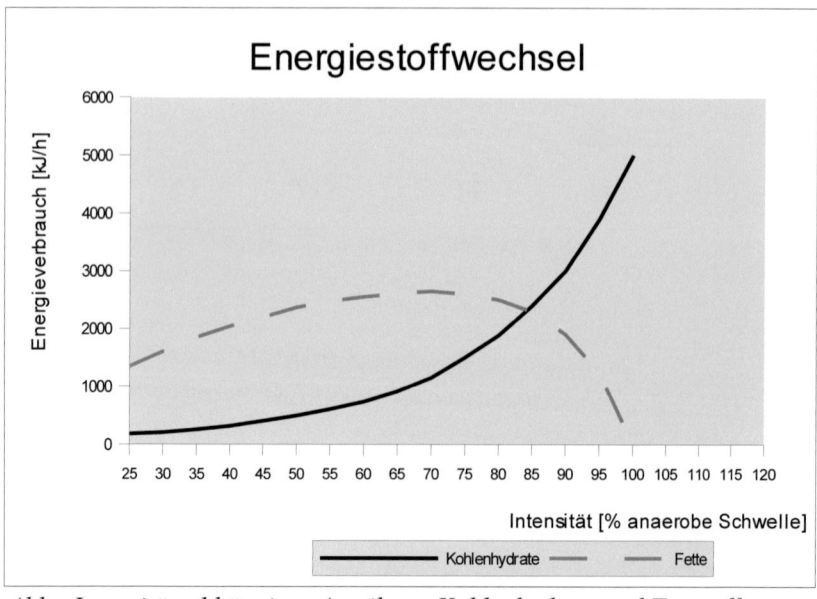

Abb.: Intensitätsabhängiger Anteil von Kohlenhydrat- und Fettstoff-wechsel an der Energiegewinnung (vgl. Brings 2007)

Im Schaubild fallen vor allem zwei Dinge auf. Erstens erkennt man, dass der Kohlenhydratstoffwechsel mit höherer Belastungsintensität exponentiell ansteigt. Zweitens nimmt der Anteil des Fettstoffwechsels ab einer bestimmten Intensität rapide ab.

Die optimale Belastungsintensität für einen ökonomischen Umgang mit den Energiereserven liegt etwa bei einem ausgeglichen Verhältnis der beiden Verstoffwechselungen. Das ist etwa bei 80-85 Prozent der individuellen anaeroben Schwelle der Fall. Über diesen Bereich sollte man sich nach Möglichkeit nicht begeben. Denn was passiert? Der Anteil des Fettstoffwechsels geht relativ schnell gegen Null, im Gegenzug steigt der Kohlenhydratverbrauch exponentiell an und die Speichen werden rasend schnell verringert. Und im weiteren Verlauf des Rennens fehlen genau diese Speicher. Also gilt bei lange andauernden Rennen, dass man Belastungsspitzen unbedingt vermeiden und um eine gleichmäßige Belastung bemüht sein sollte. Und die bewegt sich eben bei etwa 80 bis maximal 85 Prozent der individuellen anaeroben Schwelle. Je besser der Fettstoffwechsel des Athleten trainiert ist, desto höher kann die relative Intensität ausfallen, weniger gut trainierte Athleten sind eventuell noch besser mit einer Belastungsintensität von unter 80 Prozent bedient.

Und wie sieht damit die Renntaktik konkret aus?

Ganz ähnlich wie auf der Kurzdistanz. Auch hier wird beim Anschwimmen aus taktischen Gründen zu Beginn des Rennens meist eine erhöhte Belastungsintensität in Kauf genommen. Danach ist der Athlet dann wieder bemüht sich von unten an seine Schwelle -die in diesem Fall sein individuell maximal zulässiger Kohlenhydratverbrauch darstellt- anzunähern.

Der Endspurt im Laufen ist in den meisten Fällen überflüssig, beziehungsweise kann aufgrund der fortgeschrittenen Erschöpfung des Athleten auch nicht mehr realisiert werden.

Und wie sieht der Rennverlauf auf der Radstrecke aus?

Ein gleichmäßiger Rennverlauf ist auch hier die ökonomischste Variante.

Durch die voranschreitende Erschöpfung verliert man aber meist gegen Ende des Rennens an Leistungsfähigkeit. Reduziert man in der ersten Phase das Tempo ein wenig, so spart man kostbare Energie, die dann in der zweiten Hälfte der Radstrecke zur Verfügung steht. Dargestellt ist dies in der nachfolgende Abbildung.

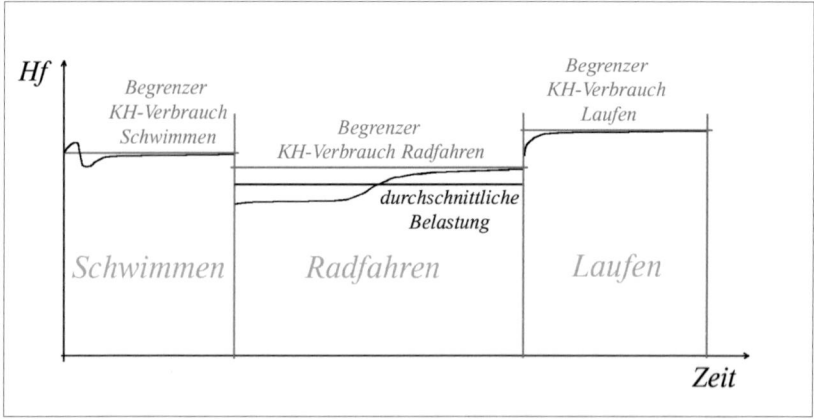

Abb.: Renntaktik für Triathlon Langdistanz (3,8 – 180 – 42km)
(vgl. http://tv.triathlon-szene.de/index.lasso?Rubrik=Filme,
Renntaktik: Wie man am schnellsten ins Ziel kommt, 17.11.2008)

Also sollte man möglichst in der ersten Hälfte der Radstrecke die Belastung etwas mehr zurücknehmen und die Kohlenhydratspeicher schonen, in der zweiten Rennhälfte kann man dann aus größeren Energiereserven schöpfen. Das hat den zusätzlichen Vorteil, dass man weniger erschöpft in den Marathon starten kann. Die mentalen Mobilisierungsphasen fallen dementsprechend genau gleich wie auf der Kurzdistanz aus.

Interessant ist in diesem Zusammenhang auch, dass Datenanalysen[30] vom Ironman Hawaii ergaben, dass ein gleichmäßiges kontrolliertes Radtempo

---

30 http://2peak.com/tools/hawaii3.php, 31.10.2008

die besten Erfolgsaussichten auf ein gutes Gesamtergebnis zeigten. Ein paar Prozent überzocken beim Radfahren bedeuten einen unverhältnismäßig großen Zeitverlust auch später auf der Laufstrecke!

Die folgende Graphik verdeutlicht den Zusammenhang.

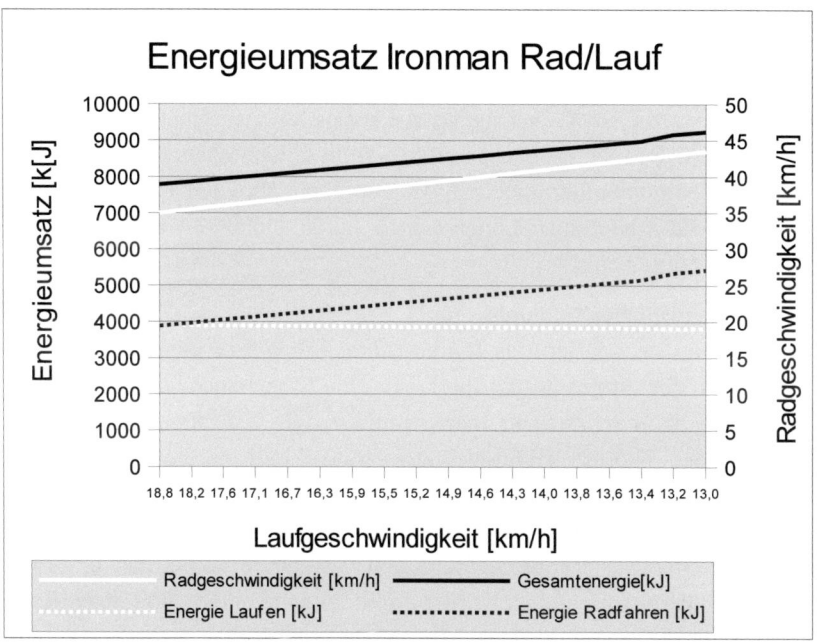

Abb.: Korrelation Rad- und Laufenergieumsatz
(http://2peak.com/tools/hawaii3.php, 31.10.2008)

Dargestellt ist der Gesamtenergieumsatz und die Anteile von Radfahren und Laufen in Abhängigkeit von deren Geschwindigkeit. Basis dieser Simulation ist eine gegeben Gesamtzeit für beide Strecken zusammen.

Was kann man aus der Betrachtung folgern? Man sieht, dass der Gesamtenergieumsatz umso niedriger ausfällt, je größer die Laufgeschwindigkeit ist. Im Gegenzug nimmt dabei natürlich die Geschwindigkeit auf dem Rad entsprechend ab. Woran liegt das? Vor allem am Luftwiderstand beim Radfahren. Er geht in die energetische Betrachtung in der dritten Potenz ein und damit ist die gewonnene Zeit energetisch sehr teuer erkauft. Ein Beispiel: Der Sieger des Ironman Hawaii 2008 Eneko Llanos hat auf der Radstrecke rund 10 Minuten auf die schnellen Radfahrer eingebüßt. Dadurch konnte er etwa 10 Prozent an Energie gegenüber seinen Konkurrenten einsparen.[31] Da er sich dabei in niedrigerer Belastungsintensität befand, arbeitete natürlich auch sein Fettstoffwechsel effektiver und die Kohlenhydratspeicher wurden geschont. Von den größeren Energiereserven konnte er dann im Laufen profitieren und den Wettbewerb mit einer überragenden Laufleistung eindrucksvoll für sich entscheiden. Betrachtet man die ersten zehn dieses Wettbewerbs, so fällt auf, dass lediglich einer dabei ist, der mit einer schnellen Radzeit glänzen konnte. Alle weiteren zeichneten sich durch „mäßige" Radzeiten und schnelle Laufzeiten aus.

Relativ „schwachen" Läufern unter den Profis bleibt allerdings keine Alternative. Sie müssen das Risiko eines hohen Energieverbrauchs auf der Radstrecke eingehen um überhaupt eine Siegchance zu haben. Diese Taktik hat auch schon zum Erfolg geführt, wie die Siege von Norman Stadler oder Thomas Hellriegel auf Hawaii belegen. In jenen Jahren waren sie aber die mit Abstand stärksten Radfahrer ihrer Zunft und konnten das hohe Tempo auch verkraften. Trotzdem ist die ökonomischste und schnellste Renngestaltung dann gegeben, wenn das gewählte Radtempo dem Athleten noch ermöglicht, dass er seine volle Laufleistung abrufen kann! Gerade für Altersklassenathleten gilt dies umso mehr!

Man kann aus den Betrachtungen somit folgende beiden Schlussfolgerungen ziehen:

- Das Lauftempo ist der entscheidende Begrenzer für das Gesamtergebnis.
- Auf dem Rad sollte man möglichst viel Energie für das Laufen sparen.

---

31 Kublik 2008, S.88

Und als Konsequenz ergeben sich damit zwei weitere wichtige Punkte:

- Die Energiezufuhr auf dem Rad ist ein wichtiger Gesichtspunkt, so dass man unbedingt auf eine ausreichende Nahrungszufuhr achten sollte.

- Die Aerodynamik auf dem Fahrrad nimmt für eine effiziente und ökonomische Renngestaltung einen großen und damit auch entscheidenden Einfluss.

8.1.3 Hügelfahren

Wir haben ja bereits mehrfach probagiert, dass eine möglichst konstante Leistungsabgabe für ein optimales Zeitfahrergebnis eine wesentliche Voraussetzung darstellt. Unabhängig von der Streckenlänge. Was bedeutet das für das Überfahren von Hügeln, beziehungsweise auch das längere fahren am Berg?

Für viele Fahrer ist das typische und gängige Verhalten, dass bei beginnender Steigung der bestehenden Gang beibehalten wird und der Athlet kräftig über den Hügel „drüberdrücken" will. Das Resultat: von Meter zu Meter läßt die Kraft nach und der langsam aber stetig steigende Puls zwingt den Fahrer zu einem drastischen Leistungsabfall. Die Geschwindigkeit nimmt ab, der Fahrer hat das Gefühl am Berg zu stehen. Schließlich rattert die Kette vorn aufs kleine Kettenblatt und hinten auf die großen Ritzel. Am Scheitelpunkt des Hügels angelangt, muss sich der Fahrer zunächst erholen und erst ganz langsam kann er wieder richtig Fahrt aufnehmen. Mit diesem Verhalten ist natürlich ein kräftiger Laktatanstieg und ein großer Energieverbrauch der wertvollen Kohlenhydratspeicher verbunden. Die weiteren daraus resultierenden Auswirkungen haben wir ja sowohl für die Kurz- als auch die Langdistanz bereits erörtert.

Was ist also eine günstigere Variante? Anzustreben ist eine geringere Schwankungsbreite der Leistungsabgabe, so dass an der Kuppe noch

Energie vorhanden ist um gleich zügig weiterzufahren. Über den Puls läßt sich das nur schwer steuern, da die Herzfrequenz der Belastung deutlich nachhinkt. Optimal ist hier natürlich die Kontrolle über ein Leistungs-messgerät. Auf der Anzeige erscheint die Leistung als genaues Abbild der körperlichen Belastung. Dabei sollte man sich zu Beginn des Berges maximal eine 10 bis 15 prozentige Mehrleistung gegenüber der Ebene erlauben, sich dann aber möglichst schnell auf seinem Niveau „einpendeln". Hat man kein Leistungsmessgerät an seinem Fahrrad zur Verfügung, so kann man sich folgende Ratschläge zu Herzen nehmen:

- Frühzeitig in einen kleineren Gang schalten.

- Sich zu Beginn des Anstiegs bewusst zurücknehmen, locker fahren und sich langsam an seine „Bergleistung" herantasten.

- Nicht die Kuppe des Berges „anvisieren", der Berg ist erst danach zu Ende! Mit dieser Vorstellung kann man nach dem Berg weiter im angestrebten Leistungsbereich weiterfahren.

8.2 Die effektive Trittbewegung

Neben der Sitzposition ist auch die biomechanisch optimale Trittbeweg-ung ein entscheidendes Kriterium für effektives und ökonomisches Rad-fahren. Auch bekannt als der runde Tritt. Er hat zur Maßgabe, dass der Krafteinsatz möglichst gleichmäßig und tangential auf das Pedal ein-zusetzen ist. Zumindest ging man jahrelang davon aus, dass dies das Optimum für den Athleten darstellt. Doch neuere biomechanische Unter-suchungen[32] stellen dies in Frage. Sie verfolgen einen anderen Ansatz und kommen zu widersprüchlichen Ergebnissen. Doch der Reihe nach. Was ist der sogenannte runde Tritt eigentlich?

---

32 Petzke 03/2006, S.47ff.

8.2.1 Der runde Tritt

Für den Vortrieb beim Fahrradfahren ist ein Optimum erreicht, wenn die ganze Pedalkraft während der gesamten Kurbelumdrehung immer im rechten Winkel zur Drehrichtung angreift. Radfahrer treten aber mehr oder weniger unrund und entwickeln ihre Vortriebskraft vor allem beim abwärts drücken des Pedals. Und auch das geschieht mehr oder weniger senkrecht nach unten. Da aber lediglich die tangentiale Kraftkomponente in Vortrieb umgesetzt wird, vergeuden sie damit sehr viel Kraft und Energie.

Zur Analyse des Trittzyklus wird die Kurbelumdrehung von einigen Autoren[33] in vier Phasen eingeteilt, die Schub-Phase, die Druck-Phase, die Zug-Phase sowie die Hub-Phase.

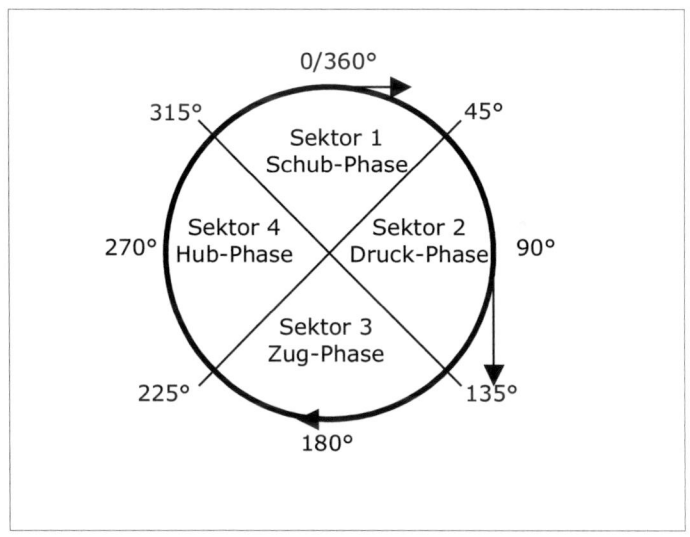

Abb.: Trittzyklus beim Fahrradfahren

---

33 Hillebrecht u.a. 09/1998, S.58

Der Hauptanteil des Vortriebs wird in der zweiten Phase erzeugt, das Problem liegt eindeutig im Bereich der vierten Phase, wo selbst bei Spitzenfahrern zum Teil deutliche negative Kräfte erzeugt werden, das heißt, diese Phase trägt nicht nur nicht zum Vortrieb bei, sondern wirkt diesem sogar entgegen.

Wird allerdings die Intensität erhöht, wird normalerweise auch der Tritt von alleine effizienter[34].

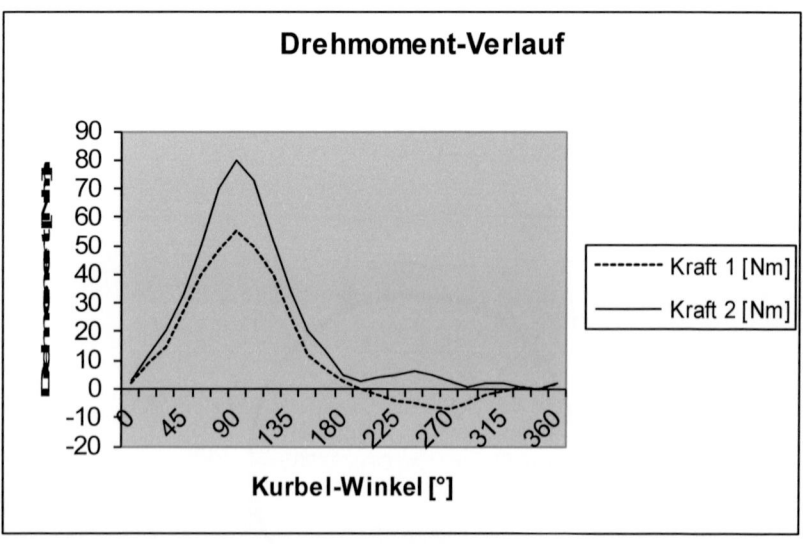

Abb.: Drehmomentverlauf bei unterschiedlichen Intensitäten an der Kurbel (Hillebrecht u.a. 1998)

Bei niedriger Trittfrequenz geschieht ähnliches, der Fahrer kann sich mehr auf ein aktives Ziehen nach oben konzentrieren und der runde Tritt wird besser.

Rein physikalisch und mechanisch kann man sagen, dass der runde Tritt

---

34 *Hillebrecht u.a. 1998, S.61*

ohne Kraftverlust mit Sicherheit selbst für Spitzenathleten unerreichbar ist. Das Ziel der Technikschulung ist es, den Tritt effizient zu gestalten und die Verluste möglichst gering zu halten. Bewährte Trainingsmethoden sind in diesem Zusammenhang das einbeinige Fahren, die Nutzung starrer Naben ohne Freilauf, das Fahren mit hoher Trittfrequenz oder im Gegensatz dazu mit niedriger Frequenz am Berg, wobei man dabei bewusst die einzelnen Phasen „erfühlt" und den Krafteinsatz betont.

8.2.2   Biomechanische Optimierung des Tritts

Neuere biomechanische Untersuchungen[35] gehen nach einem anderen Ansatz vor: Nicht die möglichst gleichmäßig und stark entfaltete Kraft auf die Pedale ist für den optimalen Vortrieb entscheidend sondern die biomechanische und energetische Bewegung der Beine. Sie gilt es zu ökonomisieren.

Wie ist das zu verstehen? Im Grunde genommen versucht man die Ursache der Bewegung zu analysieren und Muskelkontraktion und -entspannung der an der Trittbewegung beteiligten Muskelgruppen zu optimieren. Das bedeutet, dass sich das Ergebnis des Vortriebs aus der Summe der Teilbewegungen in Becken, Hüfte, Knie und Sprunggelenk ergibt. Oder anders ausgedrückt: die Kraftwirkung auf das Pedal, die ja einer Kreisbewegung entspricht, ergibt sich aus den Schwenkbewegungen von Ober- und Unterschenkel. Die beiden nachfolgenden Grafiken verdeutlichen das.

---

35 Petzke 03/2006, S.47ff.

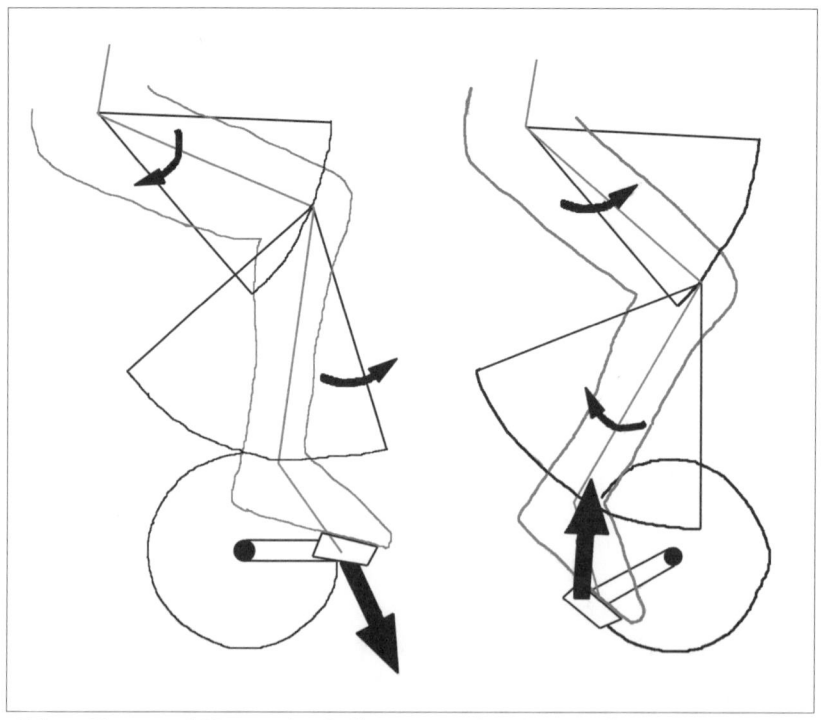

*Abb.: Ober- und Unterschenkelbewegung bei der Trittbewegung (vgl.
Kühnen 12/2005, S.110)*

Das Zusammenspiel von Ober- und Unterschenkel ergibt die Beinbewegung, die letzendlich für die Pedalbewegung verantwortlich ist. Für
einen ökonomischen Tritt sollten die passiven Muskeln der Bewegung
möglichst nicht entgegenwirken. Für das Herabdrücken des Pedals, dargestellt in der linken Abbildung, ist eine aktive Streckung des Beines in
Richtung des dicken Pfeils am effektivsten. Der Oberschenkel schwenkt
dabei aus der Hüften nach unten, der Unterschenkel im Kniegelenk nach
vorne. Für die Zugphase, die im rechten Bild dargestellt ist, sollte der Zug
entsprechend des dicken Pfeils nach oben erfolgen. Eine eindeutige
Zuordnung der Kreisbewegung an der Kurbel in einzelne Phasen, wie sie
beispielsweise Hillebrecht u.a. (1998, S. 58ff) vornehmen, erscheint dabei
nicht sinnvoll. Die kleinen Pfeile zeigen jeweils die Bewegungsricht-

ungen von Ober- und Unterschenkel an. Die nicht aktiv an der Bewegung beteiligten Muskeln sollten entspannt sein, so dass sie der Bewegung nicht entgegen wirken. Nachfolgende Abbildung zeigt die Aktivität der hauptsächlich bei der Bewegung beanspruchten Muskelpartien. In der Tabelle sind die entsprechenden Funktionen der Muskeln in der Bewegung aufgeführt.

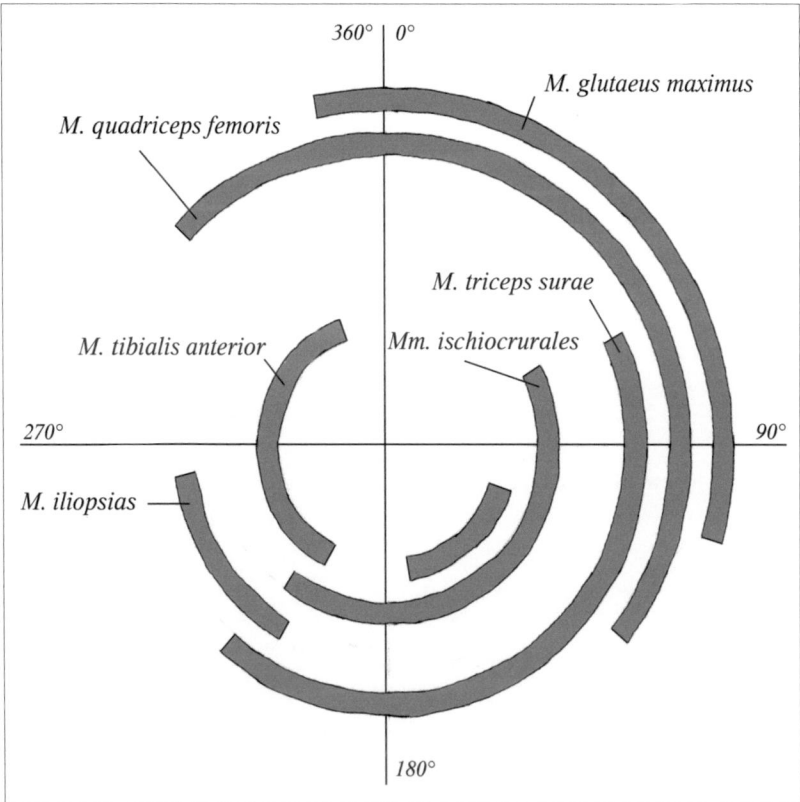

Abb.: Muskelaktivität im Trittzyklus (vgl. Schmidt 2007, S.368)

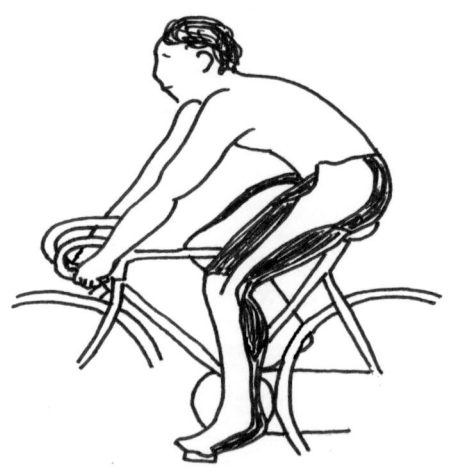

Muskel	Funktion im Trittzyklus
vierköpfiger Oberschenkelstrecker (M. quadriceps femoris)	Streckung im Kniegelenk, Beugung im Hüftgelenk
großer Gesäßmuskel (*M. glutaeus maximus*)	Streckung im Hüftgelenk
Wadenmuskulatur (*M. Triceps surae*)	Streckung im Fußgelenk, Beugung im Kniegelenk
Hüftbeugemuskulatur (*M. iliopsoas*)	Beugung im Hüftgelenk
Kniebeugemuskulatur (*M. ischiocrurales*)	Beugung im Kniegelenk, Streckung im Hüftgelenk
Vorderer Schienbeinmuskel (*M. tibialis anterior*)	Beugung im Fußgelenk

Tab.: beanspruchte Beinmuskulatur im Trittzyklus

Die entscheidende Frage für den Athleten ist jetzt natürlich, wie er zu einem effektiven Tritt gelangt. Zur exakten Bestimmung sind Messungen der Trittkräfte und der daraus resultierenden Leistung erforderlich.

Aber auch ohne diese Messungen können verschiedene Hinweise hilfreich sein. Petzke weißt darauf hin, dass sich die Kraft auf die Pedale als automatische Reaktion der Teilbewegungen in den beteiligten Gelenken einstellt. Der Fahrer sollte seine Konzentration auf die Beinbewegung in Hüft- und Kniegelenk richten und weniger auf eine möglichst große Kraftentfaltung. Dazu hilft auch eine Konzentration auf eine entspannte Bewegung, wodurch wirkungsvoll der Bewegung entgegensetzt wirkende Muskelaktivitäten vermieden werden. Effizienzverbesserungen von 5 bis 7 Prozent scheinen durchaus erreichbar.[36] Als Tendenz entwickelt sich daraus zwangsläufig auch eine höhere Trittfrequenz. Wie sich unterschiedliche Trittfrequenzen auf die Leistungsentfaltung auswirken können, werden wir im nächsten Kapitel einer genaueren Betrachtung unterziehen. Die Übungen zur Schulung des „runden Tritts" sind durchaus geeignet um ein Gefühl und eine Sensibilisierung für einen individuell optimalen effektiven Tritt zu entwickeln.

8.2.3 Trittfrequenz

Seit Lance Armstrong mit seinen hohen Trittfrequenzen solch durchschlagende Erfolge zu verzeichnen hatte, sind viele Fragen nach der optimalen Trittfrequenz aufgeworfen worden. Sein frequenzorientierter Stil fällt vor allem auch am Berg auf, wo bei den meisten Radfahrern doch ein deutlicher Rückgang der bevorzugten Trittfrequenz zu verzeichnen ist.

Unter Sportwissenschaftlern herrscht schon lange die Frage welchen Einfluss die Trittfrequenz auf das Leistungsvermögen des Radfahrers hat. Und da fällt erst einmal auf, dass bei Trittfrequenzen von 55 bis 60 Umdrehungen pro Minute der Sauerstoffverbrauch wesentlich geringer ausfällt als bei höheren Frequenzen.[37] Dies erstaunt, trainierte Radfahrer bevorzugen im allgemeinen doch wesentlich höhere Trittfreqenzen. Das lässt natürlich darauf schließen, dass es neben der Sauerstoffaufnahme

---

36 www.caloped.de/mehrfaq.htm, 21.11.2008
37 Kühnen 2000, S.57

auch andere Faktoren und leistungslimitierende Faktoren zu berücksichtigen gibt. Die Ursachen sind vor allem in der Muskulatur zu suchen und hängen unter anderem von der Art der an der Arbeit beteiligten Muskeln zusammen.

Man kann zwei Arten von Muskelfasern unterscheiden: die langsam kontrahierenden „slow twitch" (ST) und die schnell kontrahierenden „fast twitch" (FT) Muskelfasern. Die schnell kontrahierenden werden noch zusätzlich nach Ihrer Ausprägung differenziert.

Die Muskelfaserverteilung ist genetisch bedingt und durch Training nicht veränderbar.

rot	weiß	
tonisch	phasisch	
langsam kontrahierend	schnell kontrahierend	
„slow twitch" (ST)	„fast twitch" (FT)	
	oxidativ (aerob)	glykolytisch (anaerob)
	FTO	FTG
Typ I	Typ II$_A$	Typ II$_B$
Kontraktions- geschwindigkeit 140 ms	Kontraktions- geschwindigkeit 100 ms	Kontraktions- geschwindigkeit 60 ms
wenig Kraft pro Kontraktion	kräftige Kontraktion	sehr große Kraft pro Kontraktion
ermüdungsresistent	ermüdbar	schnell ermüdet

Tab.: Muskelfasertypen mit ihren Bezeichnungen und Merkmalen

Ein hoher Anteil an FT-Fasern wirkt sich aufgrund der höheren Kontraktionskraft positiv auf die Maximalkraft, aufgrund der höheren Kontraktionsgeschwindigkeit speziell auch auf die Schnellkraft, aus.

Durch bestimmte Trainingsmaßnahmen, vor allem durch dauerhafte Aktivitäten im anaerob-laktaziden Bereich, also unter Bildung von Milchsäure, können die schnellen FT-Fasern mit einer höheren Ermüdungsresistenz versehen werden. Dies geschieht dann allerdings zu Lasten ihrer Kontraktionskraft und –geschwindigkeit.

Die für die niedrigen Frequenz erforderliche Kraftleistung muss vor allem von den kräftigeren FT-Fasern erbracht werden. Die haben aber den Nachteil, dass sie mehr Laktat bilden und wesentlich schneller ermüden als die ST-Fasern. Also spricht dieser Gesichtspunkt schon mal für eine höhere Trittfrequenz.

Ein weiterer ist die verbesserte Blutzirkulation bei hohen Trittfrequenzen. Bei niedrigen Frequenzen werden die Blutgefäße gewissermaßen „abgequetscht". Das Resultat ist eine schlechtere Durchblutung und damit auch Nährstoffversorgung der Muskulatur.

Bei Simulationen[38] wurde festgestellt, dass es für jede Leistung eine optimale Trittfrequenz gibt, und zwar nimmt diese mit höherer Leistung deutlich zu. Vor dem bereits Gesagten erscheint dies logisch: bei niedrigen Trittfrequenzen treten kleinere Kräfte auf, der Effekt des geringeren Sauerstoffverbrauchs ist größer als der der schlechteren Durchblutung. Wird mehr Leistung abverlangt, dann muss der Athlet größere Kräfte aufwenden und vermehrt seine schnell ermüdenden FT-Fasern mit einbeziehen. Um deren Anteil möglichst gering zu halten und die Durchblutung zu verbessern, ist ein erhöhen der Trittfrequenz die logische Folge.

Leistung	Drehzahl
100 Watt	80 U/min
150 Watt	90 U/min
500 Watt	120 U/min
Über 800 Watt	140 U/min

Tab.: Zusammenhang Leistung/optimale Trittfrequenz
(Kühnen 2000, S.58)

---

38 Kühnen 2000, S.58

Da die Muskelfaserverteilung genetisch bedingt ist, spielt dies für die Trittfrequenz auch eine gewisse Rolle. Kräftige Fahrer mit einem relativ hohen Anteil an FT-Muskeln sind tendenziell mit niedrigeren Frequenzen besser, leichte und schmächtige Fahrertypen tendenziell mit höheren Trittfrequenzen besser unterwegs. Das eigene Optimum kann man selbst austesten, indem man eine gegebene Leistung mit unterschiedlichen Trittfrequenzen fährt und die sich ergebenden Pulswerte miteinander vergleicht. Hat man kein Leistungsmessgerät zur Verfügung, so absolviert man den Test mit gleichbleibender Geschwindigkeit. Am besten führt man solche Tests natürlich an windstillen Tagen durch. Eine Tendenz, die für eine eher hohe oder eher niedrige Trittfrequenz spricht, läßt sich dann ganz gut daraus ableiten.

Triathleten sollten im Gegensatz zu Zeitfahrern auch den abschließenden Lauf noch mit ins Kalkül ziehen. Die Einsparung wichtiger Kraftreserven durch höhere Trittfrequenzen kann hier durchaus Vorteile mit sich bringen. Gerade gegen Ende der Radstrecke schont ein flüssiger, schneller Tritt die Muskulatur und sorgt für eine bessere Blutzirkulation und Nährstoffversorgung.

Und noch ein Gesichtspunkt der für eine schnelle Trittfrequenz spricht: Bei niedrigerem Drehzahlniveau wirken sich kleine Steigungen und Windböen wesentlich stärker auf den Radfahrer aus. Bei hohen Frequenzen kann man die Schwungmasse der Beine ausnutzen um kurzfristig mehr Drehmoment zu erzeugen und Windböen oder kleine Kuppe ohne wesentlich erhöhten Krafteinsatz kompensieren.

8.2.4 ovoide Kettenblätter

Was sind ovoide Kettenblätter?

Ovoid bezeichnet die Form der Kettenblätter und bedeutet ellipsenförmig. Das heißt die Kettenblätter sind nicht rund wie normal. Die Ausprägung der unrunden Form kann je nach Hersteller unterschiedliche Ausmaße annehmen.

Abb.: ovoide Kettenblätter

Schön und gut, aber wozu soll das gut sein?

Das Prinzip soll helfen um den toten Punkt zu reduzieren, der bei einem runden Kettenblatt zwangsläufig auftritt. Durch die ovale Form der Kettenblätter optimiert sich die Biomechanik der Trittbewegung und erhöht deren Effizienz. Denn der Fahrer kann nicht während der gesamten Kurbelumdrehung die gleich große Kraft ausüben. Etwa in 90° Stellung ist sie am größten. Daher ist es sinnvoll, dass er in dieser Position mit einer hohen Übersetzung fährt, also mit einem großen Kettenblatt. Im unteren Punkt der Trittbewegung, dem toten Punkt, hat der Fahrer die geringste Kraftentfaltung. Hier wäre aus Sicht der Biomechanik ein kleineres Übersetzungsverhältnis günstiger. Neben der gleichmäßigeren Kraftentfaltung erreicht man dadurch auch eine Reduzierung des Drucks auf die Knie-gelenke und damit eine geringere Belastung.

In der Praxis bedeutet das, dass man mit einem 53er ovoiden Kettenblatt im Bereich des toten Punktes ein Übersetzungsverhältnis entsprechend 51 Zähnen erreicht, während es am oberen Punkt einem 56er Kettenblatt entspricht.

Soviel zur Theorie. Aber lassen sich diese theoretischen Gesichtspunkte auch auf die Praxis übertragen?

Bei einer Untersuchung[39] an 10 Amateurradrennfahrern, die den Einfluss ovoider Kettenblätter auf den natürlichen Bewegungsfluss sowie die Stoffwechselleistungen ermittelte, ergaben sich signifikante Unterschiede zu konventionellen Kettenblättern. Die Probanden mussten einen Test-zyklus von 15 Minuten mit ansteigender Belastung (Übersetzung 52x21, 10min bei 3% Steigung, 5min bei 4% Steigung) durchlaufen. In jedem Versuchsabschnitt wurden die Milchsäurekonzentration, der Puls sowie der systolische Blutdruck erfasst. Als Resultat für diese Parameter ergaben sich folgende Ergebnisse:

- *Milchsäurekonzentration:* bei Verwendung ovoider Kettenblätter zeigt die Laktatkonzentration bei gleicher Trainingsbelastung ver-gleichsweise niedrigere Werte. Zum Zeitpunkt der Maximalbe-lastung war der Unterschied bei den Probanden mit bis zu 17,65% sehr deutlich ausgeprägt. Das läßt den Schluss zu, dass der Fahrer unter Nutzung der ovoiden Kettenblätter insgesamt eine höhere physische Leistung abrufen kann.

- *Herzfrequenz:* auch hier ist bei ansteigender Belastung relativ schnell eine deutliche Auseinanderentwicklung der beiden Kurven feststellbar. Anscheinend belastet die Verwendung ovoider Kettenblätter die Herzfunktion weniger stark. Die maximale Differenz betrug hier 4,5 Prozent.

- *systolischer Blutdruck:* im Vergleich zur Benutzung konvention-eller Kettenblättern ergibt sich auch beim systolischen Blutdruck unter Belastung ein ähnliches Bild wie bei der Laktatakkumulation und der Herzfrequenz: Bei Verwendung ovoider Kettenblätter steigt er weniger stark an, was als wichtiger funktioneller Gewinn für das Herz-Kreislauf-System interpretiert werden kann.

---

39 Martinez

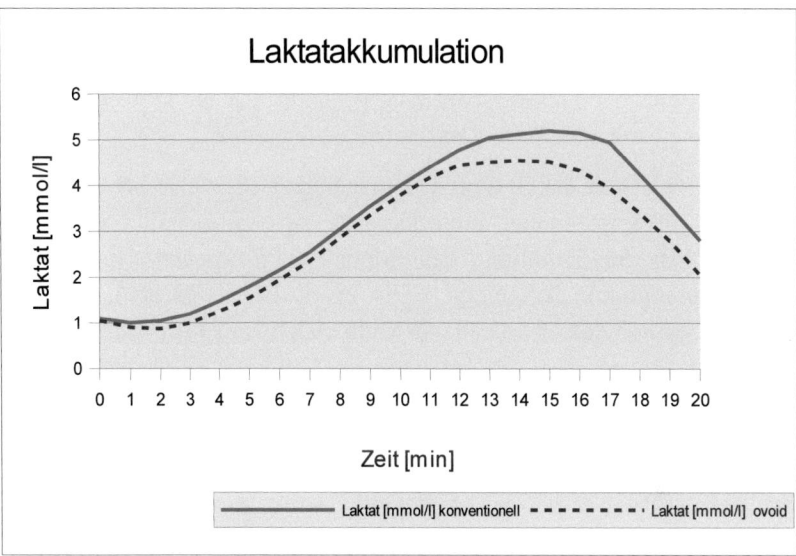

Abb.: Laktatanstieg bei ansteigender Belastung (Marinez, S.7)

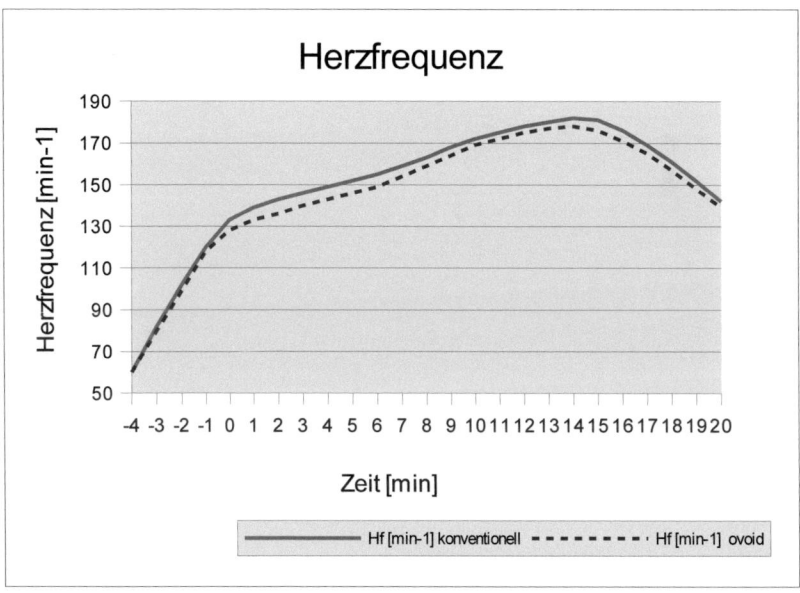

Abb.: Herzfrequenz bei ansteigender Belastung (Marinez, S.7)

Die Messergebnisse zeigen, dass die Verwendung ovoider Kettenblätter einerseits zu einer verbesserten Stoffwechsel-Effizienz führt und andererseits bei gleicher Trainingsbelastung gegenüber einem konventionellen System eine niedrigere Herz-Kreislaufbelastung entsteht.

Ob und in wie weit das System dem einzelnen Fahrer eine höhere Leistung im Wettkampf erlaubt, muss jeder für sich selbst probieren. Einen Test, ähnlich der Ermittlung der optimalen Trittfrequenz, kann jeder selbst durchführen. Allerdings sollte man dabei beachten, dass es eventuell einige Zeit dauert bis sich der Athlet auf die Trittbewegung eingestellt hat, so dass die Effizienz im Laufe der Zeit noch besser werden kann.

Anhang

Masskarte Sitzposition

Masskarte Sitzposition

Name: _____

Vorname: _____

Körperdaten

Körpergröße: _____

Innenbeinlänge: _____

Rumpflänge: _____

Armlänge: _____

Schulterbreite: _____

A Körpergröße
B Innenbeinlänge
C Rumpflänge
D Armlänge
E Schulterbreite

Radparameter

1. Sitzhöhe = (0,885 x Innenbeinlänge +/- 10mm) = _____

2. Sattelpositionsbestimmung mit Lot (Fahrer sitzt auf dem Fahrrad, Lot durch Pedalachse) und/ oder Sitzwinkel (beim Zeitfahrrad)

   Abstand Sattelspitze bis Tretlagermitte = _____

3. Rückenneigung N = _____
   sehr sportlich   N = 0,545
   sportlich   N = 0,535
   komfortabel   N = 0,520

4. Sitzlänge = (N x (Rumpflänge + Armlänge) - (0,59 x Sattellänge))

   = _____

5. Überhöhung = _____

6. Vorbaulänge = _____

7. Lenkerbreite = Schulterbreite
   = _____

8. Kurbellänge = Schrittlänge x 0,205
   = _____

Überhöhung
Sitzlänge
Vorbaulänge
Sitzhöhe
Kurbellänge

Literatur
&
Internet

Literatur

Allen, Hunter; Coggan Abdrew: Training and Racing with a Power
Meter; VeloPress Verlag; Boulder Colorado, USA 2006

Brings, Johanna: Leistungsdiagnostik. Seminarunterlagen; Deutsche
Trainer Akademie, 2007

Gressmann, Michael: Fahrradphysik und Biomechanik; Moby Dick
Verlag; Kiel 1995

Hillebrecht/Schwirtz/Stapelfeld/Stockhausen/Bührle: Trittechnik im
Radsport. In Leistungssport 6/98, philippka Sportverlag; Münster
1998

Joller, Simon: Vom Winde verweht. In: Fit for Live 3/2006; AZ
Fachverlage AG; Aarau, Schweiz 2006

Kublik, Andreas: Auf und davon. In tour 11/2008, Delius Klasing Verlag;
München 2008

Kühnen, Robert: Die List gegen die Luft. In tour 11/1999, Delius Klasing
Verlag; München 1999

Kühnen, Robert: Spinnen für den Sieg. In tour 10/2000, Delius Klasing
Verlag; München 2000

Kühnen, Robert: Stelldichein. In tour 8/2003, Delius Klasing Verlag;
München 2003

Kühnen, Robert: Abschied vom Mythos? In tour 12/2005. Selius Klasing
Verlag; München 2005

Kühnen, Robert: Temporausch. In tour 1/2007, Delius Klasing Verlag;
München 2007

Kühnen, Robert: Wer bremst da? In tour 5/2008, Delius Klasing Verlag;
München 2008

Kühnen, Robert: Radiologie. In tour 6/2008, Delius Klasing Verlag,
München 2008

Lindner, Wolfram: Radsporttraining. BLV Buchverlag; München 2005

Martinez, Prof. Dr. Alfredo Cordova. Vergleichsstudie über die Stoffwechselleistung bei Verwendung des Rotor-Systems und bei Verwendung eines konventionellen Fahrradtyps. Universitary Physiology Valladolid, Spanien

Mest, Oliver: Newsletter Sporttraining aktuell. 25.07.08. VNR Verlag für Deutsche Wirtschaft; Bonn 2008

Neumann/Pfützner/Hottenrott: Das große Buch vom Triathlon. Meyer & Meyer Verlag; Aachen 2004

Petzke, Wolfgang: Muskelleistung und Wirkungsgrad beim Radfahren. In: Leistungssport 3/2006, philippka Sportverlag; Münster 2006

Schmidt, Achim: Das große Buch vom Radsport. Meyer & Meyer Verlag; Aachen 2007

Schurr, Stefan: Optimiertes Triathlontraining. BOD Verlag; Norderstedt 2005

Schurr, Stefan: Leistungsgesteuertes Radtraining. BOD Verlag; Norderstedt 2006

Smolik/Etzel: Das große Fahrrad Lexikon. Bielefelder Verlagsgesellschaft; Bielefeld 2002

Sienknecht, Nies: Im toten Winkel des Windes. In triathlon spezial 1/2005; spomedis Verlag; Hamburg 2005

Sienknecht, Nies: Die 100 besten Tipps für Rennradfahrer; spomedis Verlag; Hamburg 2008

Smolik, Etzel: Das große Fahrradlexikon. BLV Buchverlag; Bielefeld 2002

Internet

http://www.2peak.com/2peak/sitzposition.xls

http://www.2peak.com/tools/hawaii3.php

http://www.caloped.de

http://www.customcranks.de/de/kurbellaenge.html

http://www.radsport-bezirk-trier.de/RADSPO_1/Masse/
    Microsoft_Word_-_Markus_Brux_Belegarbeit_A-
    Trainerausbildung_Endversion_doc.pdf

http://slowtwitch.com/mainheadings/techctr/bikefit.html

http://www.sportcoach-online.de

http://www.triathlon-szene.de